블랙 판타지, 그 후

블랙 판타지, 그 후

임두만 지음

리북

나는 내 또래 중에서 특별히 더 많이 배웠다고 할 수 없다. 다른 사람들에 비해 훌륭하거나 특출한 사람이 아니다. 또 독립운동이나 민주화운동에 투신했던 분들처럼 정치개혁을 위해 내 모든 것을 던진 지사형도 아니다.

그저 주변에서 쉽게 볼 수 있는, 아들 딸 두고 손자 손녀를 둔 60대의 평범한 할아버지다. 정치를 한 적도 없고, 정치와 관련된 글을 직업으로 쓴 적도 없다. 학교에서 체계적으로 정치를 배운 적도 없고, 그렇다고 누구에게 정치를 가르쳐 본 적도 없다.

그러던 내가 나이 50을 넘기면서부터 눈에 거슬리고 마음에 들지 않는 정치를 보며 든 생각들을 인터넷 게시판에 올리기 시작했다. 평범한 보통 사람인 내 눈에 보이는 정치인과 정당 그리고 정치지도자들의 잘못된 행태들을 비판했던 글들이었다. 나는 그때는 물론 지금도 젊은 사람들처럼 열 손가락을 다 써서 자판을 치지 못하지만 그래도 열정 하나로 무장한 독수리 타법을 앞세워 많은 글들을 올렸다.

하지만 돌아보면 좋은 세상은 좋은 정치가 만든다는 열정만 있었지, 정치 현장에 있지도 않았고 정치를 체계적으로 배우지 않았으므로 논리가 거칠었고 글의 만듦새가 성겼다.

그런데 인터넷 게시판은 본질적인 생리상 논리가 날카롭고 정연하지 않으면 나와 생각이 다른 사람들을 설득하기는커녕 그들과의 싸움만을 더 촉발시킬 뿐이었다. 그래서 늦은 나이에 독학으로 독서를 통한 정치공부를 시작했다.

전문적으로 배웠다고는 할 수 없지만 나이에 상관없이 한 사람의 시민이자 유권자로서 정치와 경제, 언론, 역사를 알고 싶었다. 그리고 말하고 싶었다. 그래서 손에 잡히는 대로 많은 책을 읽었다. 그동안 생업에 바빠 읽을 수 없었던 글들을 돋보기를 쓰고 침침해지는 눈을 비벼가며 탐독했다. 원래 관심 분야였던 우리 근현대사를 시작으로 중국 고대사, 서양사, 인류사까지 범위를 넓혀 갔다.

블로그를 만들어 생각이 정리되는 대로 블로그에 글을 올리기 시작했다. 그러다가 SNS를 만났다. 페이스북과 트위터였다. 블로그에 올린 글들을 페이스북에 같이 올렸다. 핵심만 짧게 정리할 수 있는 글은 트위터에 올렸다. 범부(凡夫)치고는 빠르게 페이스북 친구가 늘어갔다. 본격적으로 페이스북에 글을 올리기 시작한 지 6개월 만에 친구 관계를 맺은 사람이 2,000명을 넘어섰다.

점차 조심스러워지기 시작했다. 인터넷의 특성을 정치 게시판을 통해 익히 체험한 상태였으므로 사실관계가 확실하지 않거나 논리가 맞지 않으면 매질을 당하는 정도가 아니라 아주 매장될 수도 있다는 두려움이었다. 그래서 더 조심스럽게 글을 썼고, 더 확실한 자료, 더 분명한 정보를 찾았다. 더 정교한 논리체계가 필요했음은 물론이다.

2014년 전국 동시 지방선거를 앞두고 우리 정치권은 기초단체 정당 공천 폐지 문제로 온 나라를 시끄럽게 했다. 2년 전 총선과 대선을 거치면서 여야 후보 모두 국민에게 약속했던 사안임에도 당선된 대통령과 집권 여당이 갑작스레 약속을 깨버리면서 시작된 분란이었다.

큰 선거를 앞두고 너나 할 것 없이 정치개혁을 약속으로 내걸며 한 표를 부탁하더니 정작 선거가 끝나고 나니 그 약속은 온데간데 없는 것이다. 경제민주화 공약, 기초연금 공약 등도 마찬가지다.

지난 70년간 우리나라 정치인들의 약속은 판타지였다. 현실에서 이뤄질 수 없는 세계였다. 정치인들은 지킬 수 없는 공약을 내놓고 유권자들을 현혹하면서 내심으론 정치공학에만 심취해 자기들만의 세상을 노래했다. 거기에 속은 유권자들은 정치에 대해 냉소적으로 변해 갔다. 이런 검은 정치, '블랙 판타지'가 우리 근현대사 정치의 정체성이었던 것이다.

하지만 정치는 우리의 밥상을 지배할 수 있다. 정치의 개념 자체가 한정된 자원을 합리적으로 배분하는 것이다. 좋은 정치는 우리의 삶을 발전시킬 수 있다.

그래서 우리나라 정치가 유권자들을 속여 정치인들의 탐욕을 충족시키는 '블랙 판타지'가 아니라, 정치인들은 유권자의 이익을 위해 헌신하고 유권자들은 그런 정치인들을 선택하는 '화이트 판타지'로 변해야 한다는 생각을 담아 많은 글을 썼다. 이런 생각으로 쓴 글들에 많은 분들이 동감을 표시하기도 하고, 반론을 제기하기도 하면서 나의 페이스북 담벼락은 활황을 맞았다.

언제부턴가 주변에서 책을 한 권 내보는 게 어떻겠냐는 권유가 나왔다. 그동안 써 놓은 글들만 정리해도 좋은 책 몇 권은 낼 수 있을 거라는 얘기였다. 귓등으로 흘렸다. 스스로 생각해도 책을 낼 자격을 가진 사람은 아니기 때문이었다. 언감생심 나 같은 보통사람이 무슨 정치서적을 내겠냐며 웃어 넘겼다. 그런데 갈수록 정치는 혼돈에 빠지고 좋은 정치를 하겠다는 사람들이 고초를 겪는 상황이 이어졌다. 이와는 반대로 나쁜 정치를 하는 사람이 득세하는 세상이 굳어져 가고 있었다. 이런 정치를 끝내기 위해 한 사람의 시민이자 유권자로서 미력이나마 보탤 길이 없을까 하는 생각을 했다. 그리고 마음을 정했다.

'그래, 한 번 써 보자. 단 몇 사람이라도 읽고 깨닫는다면 그것으로 내가 할 수 있는 일을 한 것이다.'

이런 결심을 한 뒤 2개월여 동안 우리 대한민국 정치가 '블랙 판타지'에서 '화이트 판타지'로 변하길 바라는 심정으로 새롭게 다양한 이야기를 썼다. 많이 부족하지만 이 책에 쓴 내용들은 그동안 가슴속에 담아뒀던 이야기들, 꺼내서 하고 싶었던 이야기들이다. 물론 다 하지 못한 이야기가 남았으나 이만큼이라도 내 아이들과 후배 세대에게 꼭 해주고 싶은 정치 이야기를 완성했다는 생각에 뿌듯하기도 하다.

리북출판사의 이재호 사장님께 특별히 감사하지 않을 수 없다. 무명의 보통 사람이 쓴 정치평론집... 출판업도 엄연한 사업인데 부담스럽지 않을 수 없었을 것이다. 그런데도 원고를 검토한 뒤 출판을 선뜻 결정해 주셨다. 이 책은 이 분의 결심으로 세상의 빛을 볼 수 있게 되었다.

또한 이 자리를 빌려서 그동안 출판을 결심할 수 있도록 힘을 주신 페이스북 친구들, 추천사를 써 주신 전남대학교의 조정관 교수님과 시사평론가 유창선 박사님 그리고 출판을 위해 음양으로 도움을 주신 강흥수 박사님께 감사를 드린다.

아무 것도 가진 것 없는 해병대 청년을 만나 연애 시절을 거쳐 결혼하고 40년 가까이를 '당신이 최고야'라고 말해 준 아내에게 감사한다. 바쁜 가운데서도 교정과 교열에 시간을 내준 아들과 멀리서 응원해 준 딸에게도 감사한다. 그러나 무엇보다 부족한 것뿐인 내가 이런 책을 낼 수 있도록 공부를 하게 만든 수많은 인터넷 친구들에게 이 영광을 돌린다. 언젠가 성장한 나의 손녀 손자가 할아버지의 이 책을 읽게 된다면 참으로 보람이 있을 것 같다.

갑오혁명 120년 후 갑오년 어느 봄날에

임 두 만

1부

한국 정당사, 그 '블랙 판타지'

서장

지금 길거리에서 TV카메라를 비추고 마이크를 댄 뒤 정당과 정치인에 대한 코멘트를 요청하면 누구라도 정치인을 하급으로 보고 정당과 국회의원을 비난할 것이다.

그런데 정치인 개개인으로 보면 아무에게나 욕을 먹어도 될 정도의 사람들이 아니다. 좋은 학벌을 지닌 대학 교수나 판·검사, 변호사, 의사, 언론인, 경제인 등 우리 사회의 최고 엘리트들이다. 자신들의 영역에선 다들 인정받고 존경받은 인물들이다. 그래서 선거때면 자천 타천으로 추천을 받아 정치에 입문했다. 그랬던 이들이 정치인으로 옷을 갈아입으면 욕을 먹는 사람으로 변한다.

왜 그럴까? 왜 정치에 입문하기 전에는 나름 존경받던 사람들이 정치인이 되면 욕을 먹고 지탄을 받을까? 나는 이것을 근대 한국정치가 시작부터 협잡(挾雜)정치, 분열정치, 편가름정치로 점철됐기 때문이라고 본다.

협잡과 분열과 편가름은 상대를 동업자가 아니라 증오의 대상으로 보게 했다. 상대가 증오의 대상이니 정치 소비자인 국민을 보고 정치를 하는 것이 아니라 상대에게 이기기 위한 정치를 했다. 그리고 이 협잡과 분열과 편가름정치는 도저히 떨칠 수 없는 전염병이 돼 버렸다. 이 전염병은 지금도 고칠 수 없는 고질병이다. 아니 병증이 더 깊어져 가고 있다. 그리고 누구라도 정치에 입문하면 이 전염병에 감염된다.

1.

절대 왕정 하의 500년은 사대부들의 기득권 전쟁터였다. 이 기득권 전쟁은 협잡과 분열과 편가름이 난무하는 붕당정치의 폐해를 낳았다. 그런데 협잡과 분열과 편가름의 붕당정치를 공화제 국가가 된 뒤에도 계속할 수 있게 한 시초는 미군정이 제공했다.

미군정은 임시정부 인사들을 꺼려했다. 새로 건국될 나라의 적통을 임시정부가 차지하게 되면 자신들이 원하는 '친미위성국가'를 건설하지 못할 수도 있다고 생각했던 것 같다. 이런 미군정 수뇌부 때문에 결국 임시정부 인사들은 해방 이후에도 거의 4~5개월을 해외에서 떠돌 수밖에 없었다. 그리고 이들이 그렇게 해외에서 떠도는 시간에 조선 땅 남쪽은 좌우파 지도자들이 신생국 건설의 주도권을 놓고 피 튀기는 이념전쟁을 했다.

그래서 임정 인사들은 해방 후 세워질 나라의 기틀을 잡는데 가장 중요한 시간을 허비했다. 이 상황은 친일파 기회주의자들에게 돌파구를 만들어 주었다. 미군정이 근대 정치가 시작되는 처음부터 친일파가 득세할 수 있는 터전을 만들어 준 것이다.

권력욕으로 똘똘 뭉친 이승만은 이 터전에서 자신의 집권 기반을 닦았다. 자신의 권력에 동조한다면, 이승만에게 친일은 죄가 아니었다. 반면 자신의 권력욕에 동조하지 않는다면, 일제에 반대한 민족주의자 독립운동가라 해도 내쳐버렸다. 이승만의 탐욕과 협잡에 동조하면 우군, 반대하면 적군이 되는 정치판. 그것이 이 땅 공화제의 시작이었다.

2.

해방 이후 정국에서 이승만의 집권을 거들었던 우파 핵심 세력들 중에는 미군정의 대표적 인물 조병옥, 임시정부 내무부장 출신으로 '독촉(독립촉성중앙협의회)'의 부총재가 된 신익희, 한민당 최고 실력자 김성수 등이 있었다.

조병옥은 미군정청 경무부장이란 직위에 있으면서, 독립운동가를 탄압했던 악덕 친일파 형사들을 공산당 섬멸에 필요하다는 이유로 수용했다. 신익희는 통일조국 건설을 위해 남북연합이 필요하다고 주장한 임시정부 주석 출신의 김구를 멀리하고 단정론(남한만의 단독 정부 수립)을 주창한 이승만 쪽에 섰다. 김성수는 자신과 비슷한 사람들이 친일행위에서 면죄부를 받아야 했기에 한민당에 친일파들이 참여하는 것을 묵인했다.

이들은 추후 이승만과 결별하고 그의 반대편에서 야당으로 투쟁했다. 그러나 '친일파 수용'이라는 과오로부터 자유로워질 수는 없다. 즉 오늘날 민주 세력의 뿌리로 분류되는 인물들마저도 우리 정치의 역사를 뒤틀리게 한 원죄를 함께 가졌다고 말해도 큰 무리가 없다는 말이다.

3.

일제강점기와 동족상잔의 내전 등 각종 고난을 거듭하며 피폐해진 백성들은 정치를 가늠할 여유가 없었다. 당시 백성들에겐 정치인들의 협잡보다 저녁 밥상에 올릴 밥그릇이 더 중요했기 때문이다. 이런 현실 속에서 권력욕의 화신 이승만은 자신의 권력기반 마련을 위해 친일파를 용인하면서 동시에 이용했다. 또 자신의 권력 유지를 위해서 헌법을 유린하고, 반대파를 제거하기 위하여 친일파가 득세한 경찰을 친위대로 만든 뒤 그 친위대의 불법도 사주했다. 그리고 친일파는 이런 이승만에게 협조하면서 자신들의 기득권을 챙겼다.

그 끝이 4.19혁명이다. 4.19는 명백히 민중봉기다. 봉기를 불러온 직접적 원인은 이승만과 이기붕 일파의 권력욕이 가져온 부정선거이지만, 더 심연을 들여다보면 해방 후 15년 간 잠재된 민중들의 불만이 일거에 폭발한 사건이기에 그렇다.

그렇다면 정치권은 이 민중봉기에 담겼던 의미를 깨달아야 했다. 동학혁명의 정신과도 맥이 닿은 이 봉기에 담긴 요구는 정치의 민주화, 권력의 정당화, 선거의 공정화로 요약할 수 있다. 즉 정치권력을 위한 선거제도가 민심을 정상적으로 담아내야 한다는 요구였다. 민심을 정상적으로 담아낸 제도에 따라 권력이 선출돼야 하며, 그렇게 탄생한 권력은 민심의 척도에 따라 정치를 해야 한다는 요구였다.

그러나 민중봉기에 의해 탄생된 '민주정부'도 이 민심을 제대로 읽지 못했다. 그 근거가 2공화국 여당이 된 민주당 내 정치싸움이다. 이 정치싸움은 끝내 군을 정치로 불러냈다.

4.

5.16군사정변 8개월 전인 1960년 9월 10일, 김종필 등 영관급 장교 9명이 서울 모처에서 쿠데타를 모의했다. 이후 11월 9일 박정희 소장의 집에서 거사를 재확인했다. 후일 여러 핵심 인사들의 비망록을 통해 확인된 사실이다. 이에 따르면 이들은 4.19민중봉기 이후 6개월도 안 된 시점에서 군사반란을 모의한 셈이다. 쿠데타 세력들은 애초 4.19민중봉기를 인정하지 않은 것이다.

이는 2공화국 출범 일지를 보면 더 분명해진다. 4.19민중봉기 일주일 뒤인 4월 26일 대통령 이승만이 하야하고 망명을 떠났다. 이튿날인 27일 당시 외무장관 허정이 과도내각 수반이 되어 정부를 이끌면서 일단 정국은 정상화되었다.

이후 국회가 의원내각제로 개정된 헌법을 의결한 날이 6월 15일이다. 이 헌법에 의해 치러진 총선거일은 7월 29일이며, 당시 당선된 국회의원들이 개정된 헌법에 따라 윤보선을 대통령으로 뽑은 날이 8월 12일이었다.

그리고 일주일 뒤인 8월 19일 국회는 장면을 총리로 인준했다. 4.19로부터 정확히 4개월이다. 4개월 만에 합법적 내각 수반이 제자리를 찾았다. 따라서 제2공화국 출범일은 1960년 8월 19일로 해야 맞다.

국회에서 인준을 받은 총리 장면은 8월 23일 새 정부 내각을 조직, 발표했다. 그러나 이 내각은 당내의 극심한 반발로 정상 출범하지 못했다. 그래서 열흘 뒤인 9월 12일, 장관 5명을 바꾸는 1차 개각을 했다.

결론적으로 2공화국 장면 정부는 4.19민중봉기 후 5개월 만인 9월 12일 이후에야 정상적으로 출범한 것이 된다. 그런데 김종필 등은 그로부터 이틀 전인 10일 이미 쿠데타를 모의했다. 장면 정부가 정상적으로 출범하기도 전에 이미 합법 정부의 전복을 기도한 것이다.

따라서 2공화국을 무너뜨린 군사쿠데타가 장면 정부의 잘못 때문에 일어났다고 하는 것은 궤변이다. 이들은 민중봉기로 탄생한 2공화국 자체를 인정하지 않고 있었다. 그래서 장면 정부가 자리 잡기 전에 쿠데타를 한 것이다.

5.

그러함에도 장면 정부가 쿠데타의 빌미를 주지 않았다고 말할 순 없다. 아울러 내각 수반인 장면 총리는 군 통수권자로서 군을 제대로 장악하지 못한 책임에서도 자유롭지 않다.

민중은 봉기를 통해 탐욕적 권력자와 그 추종세력을 몰아냈다. 봉기의 당사자인 민중들이 정치세력이 되어 정부를 수립하고 국가를 운영할 수는 없었기 때문이다. 이승만 부정선거 세력의 피해자 격인 민주당에게 정권을 운용할 권한을 위임했다. 2공화국 헌정체제가 내각제로 결정된 것은 그래서였다. 특정인에게 절대적 권력을 주면 안 된다는 것이, 절대적 권력자의 탐욕을 생생히 체험한 민중의 결정이었던 것이다.

그러나 솔직히 말해 당시의 민도(民度)나 정치인들의 실력으로 볼 때 한국이 내각제 정부를 운용할 수 있는 수준이 된다고 볼 수는 없었다. 그런데도 권력구도가 내각제가 된 것은 거센 민중의 요구를 정치권이 거역할 수 없었기 때문이었다.

그렇다면 집권당이 된 민주당은 이 엄숙한 국민의 명령에 충실한 '좋은 정치'를 해야 했으나 '나쁜 정치'를 답습했다. 상생이 아닌 협잡과 분열과 편가름 정치를 한 것이다.

집권 민주당은 구파와 신파가 싸우느라 민중봉기에 담겼던 염원을 무시했다. 이들의 계파 싸움은 민중의 삶을 위한 싸움이 아니었다. 자신들의 정치권력 헤게모니를 위한 쟁투일 뿐이었다. 그 쟁투의 끝이 분당이었다. 결국 국민들 눈에는 자유당이나 민주당이나 '그놈이 그놈'일 수밖에 없게 되었다.

그런 불만들은 2공화국 정부 출범 2달 후인 10월, 4.19 부상자 회원들의 국회의사당 난입 사건을 통해 드러났다. 이 사건 말고도 무수한 시위들이 발생했다. 민중이 봉기를 통해 권력을 위임했음에도, 위임 받은 세력이 위임한 세력의 뜻을 따르지 않았음을 의미한다.

결정적으로 2공화국의 과오를 묻지 않을 수 없는 대목은 군부의 5.16쿠데타 직후 쿠데타 군을 접한 대통령 윤보선이 "올 것이 왔다"며 체념하듯 받아들인 것, 정부 수반인 장면 총리가 쿠데타 군을 피해 55시간 넘게 수녀원에 숨어들어 잠적하면서 수습카드도 찾을 수 없도록 한 것이다.

이 때문에 불과 1년 전에 봉기로 독재정권을 무너뜨린 민중들이 군사쿠데타를 일으킨 새로운 독재 세력을 환영하는 아이러니한 일이 벌어졌다. 안타까운 일이다.

해방 정국의 정치가들에게 주어진 과제는 실로 많았다. 우선 식민지배 36년의 잔재를 속히 털어내야 했다. 친일파 단죄는 그 출발이었다. 민생과 치안의 안정도 이뤄야 했다. 또한 세계적으로 냉전의 질서가 조성되던 시점인지라 신생국인 우리는 서둘러 국민의 합의를 모아 한반도 통일 국가, 통일 정부를 만들어야 했다.

그러나 애석하게도 해방 정국의 선대 정치가들은 어떠한 과제도 깨끗하게 달성해 내지 못했다. 일제의 잔재는 그대로 남아 있었고, 민생과 치안은 불안했으며 한반도 통일 정부 구성에도 실패했다. 결국 반쪽짜리 '건국'으로 대한민국이 만들어졌다. 그 결과 우리는 동족상잔의 내전과 민중혁명과 군사정변 등 온갖 격동을 겪을 수밖에 없었다.

이 나라의 정치는 시작부터 욕을 만드는 정치였던 것이다. 그렇다면 도대체 선대 정치가들은 왜 실패했던 것일까? 그리고 그 실패는 왜 지금까지 이어지고 있을까? 우리는 좀 더 자세히 들어가 보지 않을 수 없다.

1장. 한민당과 친일파 논쟁

한국민주당의 시작

해방 전 '대한민국' 우익정당은 한국독립당(한독당)이 거의 유일했다. 한독당은 임시정부 김구 주석 등 임정 인사들이 주축이었다. 하지만 이들은 미군정의 단체입국 거부로 해방된 조국에 들어오지 못하고 있었다. 반면 일제강점기부터 조직되어 민간 깊숙이 파고든 공산주의 정당인 조선노동당은 해방이 되면서 왕성한 활동을 전개했다.

이에 남한 내 우익인사들은 공산주의 세력에 맞설 우익정당이 하루빨리 조직되어야 한다는 생각으로 정당 창당에 나섰다. 가장 먼저 조직된 우익정당이 고려민주당이다. 광복 하루 뒤인 1945년 8월 16일 원세훈, 이순탁, 조병옥 등이 창당했다. 그러나 생각대로 사람이 모이지 않았던 것 같다. 그래서 이들은 김병로, 백관수 등과 합작, 고려민주당을 해체하고 8월 28일 조선민족당을 결성했다.

23

그런데 장덕수와 윤보선, 김성수 등은 건국준비위원회(건준)를 이끌던 사회주의 계열 '인공(조선인민공화국)'의 여운형 세력과 조선노동당을 제압하기 위해 더 큰 민족주의 우파정당을 만들어야 한다고 주장했다. 인공과 공산당에 참여하지 않은 우익인사들과 지주, 유학생 출신들이 하나의 단결된 조직을 만들어야 한다고 설득했던 것이다.

이들의 주장에 많은 우익 지도자들이 동조했다. 조선민족당 추진세력은 이 여론에 따르지 않을 수 없었다. 따라서 이들도 하나의 우파정당에 동조하며 한민당 추진에 참여했다. 결국 1945년 9월 8일, 송진우를 초대 수석총무로 한 '한민당창당준비위원회'가 발족했다. 창준위 주요 인사는 김성수, 장덕수, 조병옥, 윤보선 등이었다.

친일파와 손잡다

이런 여러 우여곡절을 겪은 뒤에 민족주의 우파연합 단일정당 한민당이 출범했다. 그러나 민중들의 지지는 미약했다. 그것은 이들이 갖고 있는 태생적 약점 때문이었다.

당시 국민 다수는 농민이었다. 또 농민의 다수는 소작인들이었다. 하지만 소작인들은 지주를 비롯한 지배계급에 대한 피해의식이 있었다.

대대로 지주와 권력자, 일제강점기 지배자 그룹까지 농민이 소규모 자작농으로 생존할 수 없도록 했다는 피해의식이 그것이다.

실제 여러 기록으로 봐도 당시 소규모 자작농들은 각종 강압에 의해 자신들의 농토를 강탈당하다시피 빼앗기고 소작인으로 살아야 했다.

이런 역사 때문에 농민들에게 농토는 생명이었다. 해방은 그런 농민들에게 생명과 같은 농토를 가질 수 있다는 희망을 주었다.

조선노동당과 사회주의자들은 토지국유화를 주장했다. 모든 토지를 국가가 회수하여 국유화한 뒤, 농지는 균등하게 농민들에게 무상으로 분배해야 한다고 주장하였다. 공산주의 이념인 사유재산 금지가 무엇을 상징하는지 알지 못한 농민들은 토지를 무상으로 불하받는다는 것에만 기대감을 갖고 있었다. 경작 후 국가가 정한 일정량의 세금을 내게 해야 한다는 것이 어떤 것인지 깊이 생각할 필요도 없었다.

우파와 지주들은 격렬히 반대했다. 국가가 개인의 재산을 빼앗을 수 없다는 것이었다. 일본인이 소유했던 토지(적산 토지)는 국가가 몰수하더라도 조선인이 소유한 땅은 개인소유가 인정되어야 한다고 주장했다. 이는 적산 토지의 유상불하 방식이라면 그 불하대금을 감당할 능력이 있는 자신들이 더 많은 땅을 소유할 수 있었기 때문이었다.

한민당의 토지정책이 유·무상 몰수, 유상불하로 정해졌다. 우익정당이 공산주의자들의 주장인 사유재산 금지에 동의할 수 없었기 때문이었다. 때문에 지주들이 한민당 정책에 동조하고 참여하는 계기가 되었다. 반대로 소작 농민이 다수인 민중들이 한민당을 지지할 수는 없었다. 결국 한민당은 대중적 지지에서 한계를 가질 수밖에 없었다.

한민당은 자신들의 입지와 정통성 확보를 위해 임시정부 간부와 항일 독립운동가들 다수를 영수로 추대했다. 이승만, 서재필, 김구, 이시영, 문창범, 권동진, 오세창 등이었다. 하지만 이들 중 아무도 영수직을 수락하지 않았다. 결국 한민당은 당에 영수를 두지 못하고 총무제를 채택, 송진우 수석총무 외에 1도(道) 1총무의 체제의 당이 되었다.

문제는 이들 지방 총무들이 또 지방 조직을 확대하는 과정에서 일제에 협조한 친일 기득권층의 참여를 제어하지 못했다는 것이다. 명백한 친일파 인사까지도 지역 유지니 해외 유학파니, 타협적 민족주의자니 하며 받아들였다.

결국 많은 친일파들이 한민당에 입당, 우파 행세를 했다. 이로써 '한민당=친일파' 주장이 성립했다. 때문에 이승만과 김구, 신익희 등 상당수 임정 인사들은 한민당에 가입하지 않고 거리를 둔 뒤 독자 정당으로 나갔다.

좌익 타도 중 김구와 결별

이런 태생적 약점을 가진 한민당은 친일파 비판을 넘어서기 위한 방책으로 미군정과 함께 '좌익 타도'를 당의 핵심 정책으로 추진했다.

해방 직후 일본 총독으로부터 한반도의 일시적 통치권을 인수받은 여운형은 건준(건국준비위원회) 산하 인민위원회 조직을 통해 최고 권력자가 되려했다. 인공은 그만큼 조직이 탄탄했다. 조선공산당도 인공에 못지않은 조직력을 갖고 있었다.

박헌영은 이들을 이용, 건준의 주도권을 장악해 토지개혁 등의 문제에서 여론을 장악하고 있었다. 다시 말해 한민당이 친일파란 평가에서 벗어나 민족주의 우파 정당으로 자리매김하기 위해서는 좌파와의 전투가 불가피한 상황이었던 것이다.

당시의 외부 정치 상황도 친일 척결보다는 좌우 이념 전쟁을 부추겼다. 신탁통치 안이 그것이었다. 모스크바 3상회의의 신탁통치 안이 발표되자 완전한 독립 국가를 원하던 조선의 전체 민중은 반발하고 나섰다.

그런데 남로당(남조선노동당)이 처음에는 반탁이었다가 갑자기 찬탁으로 돌아섰다. 소련의 지침을 받은 북의 방침을 수용한 것이겠지만 이들의 주장은 완전한 한반도 통일 정부 수립을 위해서는 모스크바 3상회의에 따른 5년간의 신탁통치가 불가피하다는 것이었다.

그러자 이승만과 김구는 더욱 강력한 반탁운동을 전개했다. 국민 여론은 이승만과 김구의 손을 들어주었다. 이 과정에서 상대적으로 신탁통치에 유연한 입장이던 송진우가 암살당했다. 송진우나 미군정청 실력자인 조병옥은 미국의 의지라면 거역할 수 없다는 생각을 갖고 있었으며 이를 공개적으로 주장하기도 했다.

한민당은 암살당한 송진우의 후임 총무로 확실한 반탁파인 장덕수를 선출했다. 그리고 김구가 이끄는 한독당과의 통합도 시도했다. 남한 유일의 우파정당으로 집권당이 되려는 계획이었다.

하지만 이승만의 단정론(남한 단독 정부 수립)을 지지한 장덕수는 김구와 함께 남북연합 통일국가를 주장하는 임시정부 인사들 주축인 한독당(한국독립당)과 통합에 적극 반대했다.

이런 갈등관계에서 장덕수가 또 암살되었다. 한민당은 김구와 한독당을 장덕수 암살범의 배후로 지목했다. 첨예한 갈등관계가 되면서 양당의 통합은 무산되고 말았다.

한민당의 소멸

김구와 결별한 한민당은 이승만의 '단독정부론'에 적극 찬성으로 돌아섰다. 따라서 1948년 5월 10일 실시된 제헌국회의원 선거에도 적극적으로 참여했다. 하지만 전국에서 90명의 입후보자를 냈음에도 29명 만 당선시키는 초라한 성적을 거뒀다.

이는 해방정국의 한민당에 대한 국민의 지지를 간접적으로 살필 수 있는 매우 좋은 근거다. 무소속 외에 정당이 아닌 독촉(독립촉성국민회)이 느슨한 연대체로 선거에 임했음에도 55명의 당선자를 낸 것과 비교하면 더 그렇다. 당시 유권자에게 한민당이 비토당한 것은 한민당=친일파 논리가 먹혔기 때문이었다.

제헌국회의 간선으로 초대 대통령이 된 이승만은 부통령에 김성수를 지명했다. 하지만 정부 조각에서는 한민당을 철저하게 무시했다.

이도 이승만의 이중성이 드러난 사례다. 자신의 권력에 방패가 되어 줄 사람은 친일파라도 묵인한 이승만이다. 그런데 친일파

낙인을 받은 한민당과는 철저하게 거리를 뒀다. 한민당=친일파란 누명을 같이 쓰지 않으려는 이중성이다.

한민당은 이후 철저한 반이승만 야당이 되었다. 그러자 한민당에 있던 이승만의 최측근 윤치영, 이기붕 등이 탈당했다. 이때 윤치영은 한민당을 탈당하면서 친일파들의 정당, 당리당략이나 일삼는 정상배, 정치 모리배, 양아치들이라고 극언을 퍼부었다.

원내 29명에서 10여 명이 탈당한 한민당은 스스로 존립할 수 없는 단계에 다다랐다. 정부수립 5개월 후인 1949년 1월 26일, 한민당은 신익희가 이끌던 대한국민회와 지청천이 이끌던 대동청년단과 통합, 민주국민당을 창당함으로써 그 생명을 다했다. 그리고 역사에는 한민당=친일파의 오명만 남았다.

2장. 협잡정치의 달인 이승만과 자유당

독립촉성국민회와 대한국민당

해방정국에서 이승만과 김구는 새로 건국될 국가 지도자로 국민들에게 각인되어 갔다. 그런데 김구에게는 한독당이란 정당이 있었다. 한독당과 합당이 무산된 한민당은 끊임없이 이승만에게 입당을 구애했으나 이승만은 거절하며 참여치 않았다.

그리고 1946년 2월 8일, 이승만은 따로 '독립촉성중앙협의회'를 결성했다. 자신을 따르는 직계들로만 이뤄진 단체였다. 한독당의 김구도 '신탁통치반대국민총동원중앙위원회'를 결성했다.

이승만은 두 단체를 신탁통치 반대 운동 명분으로 통합하자고 제안했다. 김구도 이에 응했다. 통합된 단체는 명칭을 독립촉성회로 했다.

그러나 이승만의 단독정부 수립 추진 움직임이 확실해지자 김구는 곧 바로 자기 세력을 끌고 나왔다. 이후 김구는 통일 조국 건설을 위한 남북연합 운동에 나섰다. 한독당도 김구를 따랐다.

이승만은 단체 명칭을 독립촉성국민회로 다시 바꾸고 5.10총선거에 나섰다. 남북한 각각의 단정 수립에 반대, 선거에 참여하지 않은 한독당 등 김구 세력이 빠졌기 때문에 무소속을 빼고 가장 많은 수의 당선자를 냈다. 전체 의석 27.5%인 55석을 차지한 것이다. 이는 29석만을 얻은 한민당에 비하면 대단한 선전이었다.

이후 독촉은 친이승만계 무소속을 견인하며 실질적인 여당 노릇을 했다. 제헌 국회가 헌법을 제정하고, 이승만을 대통령으로 선출하는 등 단독정부를 수립하는데 핵심적 역할을 했다.

그런데 제헌 국회의원 임기는 2년이었다. 따라서 1950년 5월에 2대 국회의원 선거를 치러야 했다. 이에 이승만은 2대 국회까지 이런 느슨한 연대체로는 안 된다는 판단을 했던 것 같다. 실질적 여당이 필요했던 것이다. 이 판단에 신익희도 뜻을 같이했다.

1948년 11월, 신익희는 자신을 따르던 독촉계 인사와 윤치영 등 한민당을 탈당한 친이승만계 10여 명을 주축으로 대한국민당을 창당했다. 창당에는 임영신의 여자국민당, 지청천의 대동청년단도 함께 했다. 해방 이후 정부수립까지 같이 한 친이승만계를 망라한 정당이며 1공화국 최초의 여당이었다.

반민특위 탄압

제헌국회의 가장 큰 업적은 반민특위(반민족행위특별조사위원회)의 설치였다. 정부 출범 후 국회는 친일파들을 단죄하는 법을 만들고 그 법에 따라 국회에 특별위원회를 구성했다. 이 특별위원회 산하에 특별경찰이 조직되어 친일파 단죄에 나섰다.

당시 친일파들 다수는 경찰의 핵심이었다. 이들은 김창룡이 이끄는 군 특무대와 함께 이승만 정권의 호위대이기도 했다. 미군정청 경무부장 조병옥, 수도경찰청장 장택상이 좌익 척결에 필요하다는 이유로 친일 경력의 경찰들을 대거 등용했기 때문이었다.

반민특위 특경대는 법에 따라 이들 친일 경찰들을 체포, 구속하려 했다. 이때 대통령 이승만이 친일 경찰들 편에 섰다. 이런 이승만을 등에 업은 친일 경찰들은 도리어 반민특위를 습격하고 난장판을 만들었다. 친일파 단죄는 유야무야되었다. 임시정부 내무부장까지 지내는 등 열혈 독립 운동가였던 신익희는 이 과정을 지켜본 뒤 자신이 주도적으로 만든 여당, 대한국민당을 탈당하고 야당으로 변신했다.

민심도 들끓었다. 때문에 1950년 5월 30일 치러진 2대 국회의원 총선거에서 여당인 대한국민당은 고작 24명만 당선되었다. 여당도, 대통령 이승만에게도 참혹한 결과였다. 무소속 당선자가 전체의석의 60%인 126석인데 이들 중 이승만 지지자도 소수였다. 그런데 공교롭게도 선거를 치른 지 보름 만에 6.25전쟁이 터져버렸다.

부산 정치 파동(발췌개헌안 파동)

이승만의 권력욕은 6.25전쟁이라는 대형 참사 와중에서 확실히 드러났다. 반민특위 무력화보다 더 나빴다고도 하는, 이른바 '부산 정치 파동'이라고 불리는 발췌개헌안 파동을 일으킨 것이다.

전쟁으로 인해 정부도 국회도 부산으로 옮겨졌지만 헌정이 중단된 것은 아니었다. 소수 여당과 다수 야권 무소속인 5.30총선 의석구도는 그대로 유지되고 있었다. 따라서 헌법에 따라 국회에서 간접선거를 치르면 이승만이 대통령에 재선되기가 어려웠다. 그러자 임기 1년을 남긴 1951년 11월, 이승만은 정부 안으로 대통령 직선제 개헌안을 국회에 냈다.

국회는 이 개헌안을 바로 부결시켰다. 이에 반발한 이승만 홍위병들이 전국에서 국회 해산을 요구하는 관제데모를 일으키는 등 전쟁 와중의 나라가 개헌문제로 시끄러웠다. 괴한들은 심지어 개헌안 반대표를 던진 의원들이 사무실도 집에도 들어갈 수 없을 정도로 위협하고 협박하는 등 무법천지를 만들었다.

이 소요를 이유로 이승만 대통령은 부산, 경남, 전남, 전북 등 23개 시·군에 계엄령을 선포했다. 계엄령 아래에서 헌병대는 50여 명의 국회의원을 반정부 혐의로 연행, 이중 12명을 공산당과 관련되었다며 구속했다.

이런 강압적 처사에 반발해 부통령 김성수는 이승만 대통령 탄핵을 외치며 사표를 제출했다. 한 마디로 난장판이었다.

이런 와중에 장택상을 중심으로 한 친이승만계가 의원입법으로 개헌안을 냈다. 대통령 직선제 정부 안에다 내각책임제 국회 안을 발췌, 이를 혼합한 이른바 '발췌개헌안'을 만들어 제출한 것이다.

그리고 이 개헌안은 계엄령 하에서 군인과 경찰들이 국회의사당을 포위한 가운데 출석 의원 166명 중 찬성 163표, 반대 0표,

기권 3표로 통과되었다. 이를 역사는 부산 정치 파동 또는 발췌개헌안 파동이라고 기록하고 있다.

장기 집권을 위한 '양대 보험'

발췌개헌안 파동이 있기 5개월 전인 1951년 8월 15일, 이승만 대통령은 광복절 경축사에서 신당 창당 계획을 밝혔었다. 그리고 곧바로 당시 주중 대사로 나가 있던 이범석을 귀국시켜 신당 창당을 맡겼다. 이는 이범석이 족청(조선민족청년단) 조직 기반을 이용할 수 있기 때문이었다.

귀국한 이범석은 족청을 기반으로 대한국민회, 대한청년단, 대한노동조합총연맹, 농민조합총연맹, 대한부인회를 끌어들였다. 그리고 1951년 12월 17일 원외 인사들만 참여한 신당을 창당했다. 당명은 자유당이었다. 이를 언론은 '원외 자유당'이라고 불렀다.

이와는 별도로 이승만은 또 장면과 장택상을 따르는 국회의원들을 중심으로 독립촉성회, 한독당 탈당파, 한민당 탈당파, 신익희가 탈당하고 남은 이전 대한국민당 잔류파를 흡수 또 다른 신당을 창당하도록 했다. 이 당이 '원내 자유당'이다.

이는 이승만의 재집권을 위한 양대 보험이었다. 즉 개헌이 성공해 국민직선제가 되면 원외 자유당 조직을 이용해 선거를 치를 결심이었고, 개헌이 불발돼 국회의 대통령 선출권이 존속된다면 국회에서 다수표를 흡수하려는 방식이었던 것이다.

발췌개헌안 파동으로 국민직선제 헌법이 공포되자 이범석이 이끌던 원외 자유당은 전당대회를 열어 대통령 후보 이승만, 부통령 후보 이범석을 지명하려는 계획을 세웠다. 그러나 이승만은 메시지를 보내 자신을 후보로 지명하지 말라고 요청했다. 이유는 발췌개헌안 파동 당시 자신은 대통령에 출마할 의사가 없다고 수차례 밝혔으므로 자유당이 대통령 후보로 자신을 지명하면 안 된다는 것이었다.

하지만 친이승만 세력은 이승만의 불출마 결정을 번복할 것을 요구하는 민의를 전국적으로 일으켰다. 불출마 번복요구 관제데모가 곳곳에서 일어났다. 전국적으로 불출마 철회 탄원서 작성 바람이 불었다. 자유당은 이 탄원서에 350만 명이 서명했다고 주장했다.

이에 이승만은 '본의'는 아니지만 '민의'의 압력에 굴복한다면서 자유당 대통령 후보 추대를 수용했다. 하지만 부통령은 자유당 공천자 이범석이 아니라 '원내 자유당' 장택상을 통해 무소속 후보 함태영을 밀었다.

이범석이 극력 반발했다. 당수 이승만은 당 중앙위를 열어 중앙위원 다수의 찬성으로 부통령 후보 이범석을 부당수에서 평당원으로 격하시켜 버렸다.

이후 자유당은 이승만의 최측근 이기붕에게 장악되었다. 그리고 국민직선으로 치러진 제2대 대통령 선거에서 이승만은 압도적으로 당선되었다. 부통령에는 함태영이 당선되었다.

사사오입 개헌 파동과 자유당의 파멸

1954년, 제3대 국회의원 총선거에서 이승만-이기붕 체제의 자유당은 재적 의원 56.2%에 해당하는 114명을 당선시켰다. 반면, 제1야당 민주국민당은 15명의 당선자만 내는 참패를 당했다. 반면 무소속 당선자가 무려 67명이었다.

정치구도는 자유당 중심으로 재편됐다. 국회를 장악한 자유당은 이승만 종신집권을 모색했다. '초대 대통령에 한해 연임 제한을 철폐한다'는 내용의 개헌안을 냈다.

개헌 추진이 본격화되자 자유당 소장파 의원들은 이승만 종신집권 계획이 담긴 개헌안에 반대했다. 이들은 1956년 치러질 3대 대통령 선거에서 장면을 대통령 후보로 추대하려는 의원들이었다. 이 때문에 장면도 이승만 눈 밖에 났다. 이에 장면은 자신을 따르는 소장파 의원들을 이끌고 자유당을 탈당한 뒤 민주당을 창당했다.

이들이 탈당했어도 자유당은 개헌을 포기하지 않았다. 국회는 개헌안을 상정, 표결에 부쳤다. 당시 재적 의원은 203명이었으며 가결 정족수는 2/3인 136표였다.

개표 결과 찬성표는 135표였다. 가결 정족수에 1표가 모자랐다. 당연히 부결이었다. 자유당 소속의 최순주 국회부의장이 부결을 선포할 태세였다. 그러자 다수의 자유당 의원들이 부결 선포를 저지했다. 개표가 끝난 개헌안은 가결도 부결도 아닌 상태에서 본회의가 정회되었다.

이윽고 다음 날, 자유당은 203에 2/3를 곱하면 135.3333...
이라는 계산을 들고 나왔다. 그리고는 '사사오입' 원칙에 따라 0.5
아래는 버려야 하므로 135명이 의결 정족수라고 주장, 개헌안 가
결을 선포했다. 이를 역사는 사사오입 개헌 파동이라고 기록하고
있다.

1956년 정·부통령 선거가 치러졌다. 자유당은 개헌으로 출마
제한이 없어진 이승만을 대통령 후보로, 이기붕을 부통령 후보로
내세웠다. 민주당 대통령 후보는 신익희였으나 선거 유세 도중
기차 안에서 사망했다. 민주당은 대통령 후보가 공석인 상태에서
부통령 후보 장면만으로 선거에 임했다. 이 선거에서 장면은 자유
당 이기붕 후보를 물리쳤다.

그리고 4년 후 1960년, 다시 치러진 정·부통령 선거에서 자유
당은 대통령 후보 이승만 부통령 후보 이기붕을 또 내세웠다. 민주
당은 대통령 후보 조병옥, 부통령 후보 장면으로 맞섰다. 그런데
선거운동 기간에 대통령 후보이던 조병옥이 와병 치료차 미국을
방문했다가 급서했다. 이에 또 대통령 후보는 공석으로 두고 부통
령 후보 장면이 자유당의 이기붕 후보와 겨뤘다. 이 선거에서 자유
당은 온갖 부정을 총동원하며 이기붕을 부통령으로 당선시켰으나
그 끝은 민중봉기를 불러왔다. 동시에 자신들의 완전한 파멸까지
불러왔다.

3장. 분열의 씨앗을 안고 출범한 민주당

민국당에서 민주당으로

이승만 집권에 이용만 당한 한민당은 야당으로도 자체 생존이 불가능했다. 야권의 재구성이 필요했다. 1949년 1월 26일, 새로운 야당으로 거듭난다는 성명과 함께 한민당은 해체되었다. 그리고 보름 후인 2월 10일, 새로운 야당 민주국민당(약칭 민국당)이 창당되었다.

창당 주역은 신익희와 조병옥이었다. 신익희는 이승만 계열의 대한국민당 창당에 앞장섰으나 정부 수립 후 이승만과 척을 지고 탈당했었다. 이후 한민당 주력이던 조병옥 등과 손을 잡았다. 조병옥 등이 한민당을 해체하고 그 세력과 함께 새로운 야당에 동참키로 한 것이다. 창당위원장은 신익희가 맡았다. 신익희는 대한국민당에서 자신을 따르던 일부와 한독당 탈당파를 묶어냈다. 여기에 조병옥 등이 주도한 한민당 세력이 동참했다. 이 정당이 민주국민당(민국당)이다.

그러나 이 정당은 6.25 직전 치러진 1950년 5.30총선에서 24석만을 얻으며 참패했다. 심지어 조병옥까지 낙선할 정도였다. 이후 소수 야당으로 부산 정치파동 등 이승만의 강권 통치 드라이브 속에 많은 고난을 겪었음에도 1954년 치러진 3대 총선에서는 15명의 당선자만 배출하며 더 참패했다.

제1야당이라는 말이 무색하게 여당인 자유당 의석의 10% 수준에 불과했다. 이런 상태로는 자유당이 추진하는 초대 대통령 종신 집권을 허용하는 개헌을 막을 힘이 없었다. 이때 이승만 종신집권 개헌에 반대한 장면과 그를 따르던 소장파가 자유당을 탈당했다.

1955년 9월 18일, 신익희가 이끌던 소수 야당 민국당과 장면을 따르던 자유당 탈당파, 흥사단 등 반이승만 재야 세력을 통합하는 새로운 야당이 창당되었다. 그 이름이 민주당이다. 이 당이 우리나라에서 최초로 민주당이란 이름을 가진 정당이다.

하지만 창당하기가 무섭게 민주당은 두 파로 갈라져 심각한 당내 갈등을 일으켰다. 조병옥, 신익희 등 민국당계가 구파(舊派)로 불렸고, 민주당 창당 때 새로 영입된 장면과 자유당 탈당파 및 흥사단계가 신파(新派)로 불렸다.

4.19와 민주당의 집권

1956년 정·부통령 선거와 1960년 정·부통령 선거에서 민주당은 공히 대통령 후보를 잃었다. 1956년에는 신익희, 1960년에는 조병옥이 대통령 후보로 나섰으나 공교롭게도 모두 선거 유세

기간에 급서한 것이다.

이 두 번의 선거 모두 부통령 후보로는 장면이 나선 가운데, 1956년에는 승리했으나 1960년에는 자유당의 전면적 부정선거에 의해 낙선했다. 당시 선거에서 자유당은 사생결단이었다. 이미 이승만이 팔순을 넘긴 고령이었기 때문이었다.

그 사생결단이 만들어 낸 선거가 바로 3.15부정선거다. 하지만 이로 인해 4.19혁명이 발발했다. 부통령 당선자 이기붕은 자신의 아들이 쏜 총탄에 의해 부인과 같이 사망했다. 이기붕의 아들은 부모를 먼저 쏘고 자신도 자살했다.

봉기한 민중은 대통령 이승만의 하야를 요구했다. 이 열화같은 요구에 4월 26일 이승만 대통령은 하야 성명을 발표하고 하와이로 망명을 떠났다. 대통령이 궐위 상태가 되었으니 헌법에 따라 부통령이 대통령직을 승계해야 했다.

승계 대상자인 부통령 당선자 이기붕은 죽고 없었다. 그 다음 승계자는 내각 최선임자인 외무부 장관이었다. 그래서 당시 외무부 장관이던 허정이 내각 수반 겸 대통령 권한대행으로 정부를 이끌게 되었다.

1960년 6월 15일, 국회는 내각제 개헌안을 통과시켰다. 이 개헌안에 의해 치러진 7.29총선에서 민주당은 대승했다. 재적 233명 중 2/3가 넘는 175석을 차지했다. 끝까지 자유당을 달고 출마했던 후보는 2명만 당선되었고 무소속이 49명 당선되었다. 나머지는 군소정당 후보들이었다. 1948년 정부 출범 후 최초로 집권당이 바뀌었다. 민중의 힘에 의해 독재의 횡포를 일삼은 권력자와 집권

여당이 패퇴하고 야당인 민주당이 집권당이 된 것이다.

집권 민주당, 분열로 망하다

대승의 기쁨이 가시기도 전에 집권 민주당은 분열의 길을 걷기 시작했다. 거대 여당 민주당이 장악한 국회에서 대통령에 선출된 민주당 구파 윤보선은 당론을 무시하고 국무총리로 같은 구파의 김도연을 지명했다.

당시 민주당 당론은 신파와 구파의 합의에 의해 '구파 대통령-신파 총리'였다. 그러나 대통령 윤보선이 일방적으로 이 당론을 깬 것이다.

이에 극력 반발한 신파는 국회 인준투표에서 김도연 인준안을 부결시켰다. 할 수 없이 윤보선은 당론대로 신파 장면을 국무총리를 지명했다. 그때서야 국회는 2공화국 초대 총리로 장면을 뽑았다.

그런데 이번에는 장면이 구파와 합의를 위반했다. 국무위원 배분 과정에서 구파를 철저히 배제한 것이다. 구파는 격렬하게 반발했고, 결국 장면은 내각 출범 20일도 안 된 1960년 9월 12일 구파 의원 5명을 새 장관으로 기용하며 정국을 수습했다.

이런 신-구파의 당내 갈등으로 인한 혼란은 4.19혁명을 일으킨 민중의 바람과는 거리가 멀어도 한참 멀었다. 이 갈등은 결국 1960년 12월 윤보선을 비롯한 구파 세력의 탈당으로 이어졌다.

탈당한 구파들은 신민당을 창당했다. 1955년 창당 직후부터 갈등을 겪었던 민주당의 신—구파 동거는 이렇게 5년 만에 종결되었다.

국민을 위한 새로운 정치를 원했던 민중의 열망은 이들의 분열로 물거품이 되었다. 국민은 정치 권력자들에게 손가락질을 할 수밖에 없었다. 분열 후 사사건건 충돌했던 민주당과 신민당은 1961년 발생한 5·16군사정변 직후 군부에 의해 강제로 해산되었다.

김영삼과 김대중

이 과정에서 평생 동안 좋은 라이벌이자 정적이기도 했던 김영삼과 김대중의 정치 인생에 대한 의미심장한 일화가 있다.

김영삼은 해방 후 수도경찰청장을 지내고 자유당 핵심 정치인으로 권력을 누린 장택상의 비서로 정계에 입문, 장택상이 국무총리일 때 인사담당 비서를 지냈다. 이런 장택상의 후광으로 26세이던 1954년 자유당 공천을 받아 고향 거제에서 국회의원에 당선되었으나 이승만의 종신집권을 위한 개헌에 반기를 들고 탈당했다.

그리고 1955년 4월 민주당 창당발기준비위원회 33인의 한 사람으로 참여했으며 이후 민주당 중앙당 청년부장 겸 경남도당 부위원장에 임명되었다.

따라서 자유당 출신인 김영삼은 장면 등 자유당 탈당파가 주축을 이룬 신파와 정치적 행로를 같이해야 했다. 그러나 김영삼에게 장면은 서생(書生)처럼 느껴졌던 듯하다. 특히 독실한 천주교 신자인 장면은 대화 중 성서를 자주 인용하는 등 정치인으로서 권모술수가 약하다고 평가되기도 한 인물이었다.

이를 답답하게 여긴 김영삼은 조병옥, 유진산 등을 찾았다고 알려진다. 그리고 조병옥, 유진산 등을 만난 김영삼은 곧바로 조병옥의 호탕한 성격에 빠졌다고 한다. 이후 김영삼은 이들을 따라 민주당 구파 소속이 되었다.

특히 조병옥은 김영삼이 장택상에 의해 정계에 입문한 인물이며 장택상의 수제자 중 한사람이라고 생각해 전폭적으로 그를 후원했다고 한다.

반면 김대중은 한민당 목포지부 상임위원 등을 지낸 경력이 있다. 하지만 고향 목포에서 사업에 몰두, 중앙의 정치인들과 인연을 맺지 못했다. 그래서 전쟁이 끝난 후 1954년 총선 당시 목포에서 무소속으로 국회의원에 출마했으나 낙선했다.

이후 김대중도 상경하여 장택상을 찾아갔다고 한다. 그리고 장택상의 참모로 잠깐 활동했으나 바로 결별했다.

장택상과 결별한 김대중은 박순천, 조재천 등을 알게 되며 민주당에 입당했다. 입당한 이듬해인 1956년, 민주당 전당대회에서 장면 저격사건이 있었다. 이때 김대중이 적극적으로 장면을 경호, 장면과 인연을 맺게 되었다.

장면은 젊고 똑똑한 김대중을 총애했는지 대부(代父)를 자청해, 노기남(당시 서울대교구장) 대주교 집무실에서 김대중에게 천주교 영세를 받게 했다. 그리고 곧바로 민주당 중앙상임위원 및 노동부 차장이란 당직에 임명될 수 있도록 도왔다.

이후 이 두 사람은 구파와 신파로 갈려 좋은 라이벌이 되어 경쟁했으며 종국에는 정적이 되어 권력을 놓고 경쟁했다. 이 또한 우리 정치가 후진 정치로 오래 남게 된 이유 가운데 하나로 작용했다.

4장. 부패정당 공화당, 거수기 유정회

비밀리에 창당한 민주공화당

공화당은 출발부터 좋은 이미지를 갖지 못한 정당이었다.

5.16쿠데타가 성공한 뒤, 쿠데타의 주역 박정희는 자신의 조카 사위이자 정보장교 출신인 김종필에게 비밀 정보조직을 창설하게 했다. 김종필은 이 명을 받아 중앙정보부를 창설하고 이 정보조직을 통해 정치를 준비했다.

1963년 2월 26일, 이 같은 김종필의 주도로 비밀리에 만들어진 정당인 민주공화당이 창당되었다. 박정희는 김종필의 추천에 의해 당의 얼굴로 재야 법조계에서 신망을 받던 정구영 변호사를 영입했다.

공화당은 정구영을 초대 총재로 선출하고 당 의장에 김정렬을 앉혔다. 김정렬은 우리나라 공군 창설의 주역이었다. 1, 3대 공군 참모총장을 역임한 뒤 이승만 정권에서 국방부 장관을 지낸 이승만의 사람인데 쿠데타 세력에게 중용된 것이다.

공화당 창당에 주도적 역할을 한 또 다른 인사들은 윤치영, 임영신 등 이승만 정권의 핵심인사들이었다. 여기에 초기 공화당의 주요 인사들 상당수가 이승만의 자유당 출신이었다.

추후 전두환의 민정당과 3당 합당 후 탄생한 민자당에서 국회의 장까지 지냈던 김재순, 공화당 소속으로 무려 6선의 국회의원을 지내고 10월 유신 후 유정회 의원으로 국회 부의장과 무임소 장관을 지낸 구태회, 한때 공화당을 주무른 4인방 중 2인인 김성곤, 김진만 등도 있다.

경북 달성군 출신이자 쌍용그룹 창업자인 김성곤은 1958년 달성군에서 자유당 소속으로 제4대 민의원에 당선되어 정계에 입문했다.

강원도 출신으로 동부그룹 창업자인 김진만은 자유당 소속으로 3대와 4대 국회의원을 지냈으며 공화당이 창당되자 가담하여 같은 지역구에서 내리 3선을 했다.

한편 4인방 중 1인이었던 백남억은 또 1960년 4.19 후 민주당 소속으로 경북 김천에서 참의원에 당선됐지만 쿠데타 후 공화당으로 변신해, 6대부터 9대까지 내리 4선을 하고 공화당 당의장을 역임했다.

이들 외에도 군 출신을 제외한 거의 모든 기성정치인들은 자유당이거나 민주당 소속이다가 쿠데타 세력에 가담한 인사들이다.

결국 구정치를 일소하고 새정치를 하겠다며 쿠데타를 하고 신당을 창당한 공화당은 구성원 자체가 자신의 영달을 추구한 인사들이었으며 그들의 정치행위는 새정치와 전혀 거리가 멀었다.

공화당은 당 구성원의 이미지만 나쁜 것이 아니다. 당 자체가 부패와 비리를 연상케 한다. 즉 창당 자금 마련을 위해 저질렀다는 4대 의혹 사건의 중심에 공화당이 있기 때문이다. 증권파동, 파친코 사건, 새나라 자동차 사건, 워커힐 불법 분양 사건 등이 국민의 눈살을 찌푸리게 했다.

1979년 10월 26일 일어난 박정희 저격 사건 후 박정희가 사망하자 이런 공화당의 이미지를 씻으려면 당의 정화가 필요하다며 박찬종을 중심으로 한 소장파들은 정풍운동을 일으켰다. 물론 이 정풍운동으로 이 운동을 주도한 박찬종은 당에서 제명되었다. 공화당에서 권력을 누린 정치 권력자 중 부정과 비리가 연상되지 않은 인물이 드물다.

따라서 민주공화당이라는 정당의 존재 자체가 우리 국민들에게 정치는 나쁜 것, 정치인은 도둑놈이란 심리를 심어줬다고 봐도 그리 틀린 말은 아니다.

임명직 국회의원 + 거수기 국회의원, 유정회

정부수립 이후 1971년 총선까지 지역구 국회의원을 선출하는 선거구제는 소선거구제를 유지했다. 선거 때마다 부정선거 의혹으로 시끄러운 잡음이 발생했음에도 국민이 직접 국회의원을 뽑는, 대의정치의 근간은 지켜지고 있었던 것이다. 그러나 박정희 대통령은 10월 유신이란 친위 쿠데타를 통해 이 근간 자체를 무너뜨렸다.

유신헌법으로 불린 제4공화국 헌법은 국회의원 정수를 217명으로 정하고 정수의 2/3인 지역구 의원 146명은 1구 2인제 중선거로 뽑았다. 그리고 남은 1/3, 73명은 대통령이 임명하도록 했다. 국회에서 대의제가 무너진 것이다.

"통일주체국민회의는 국회의원 정수의 3분의 1에 해당하는 수의 국회의원을 선거한다. 제1항의 국회의원의 후보자는 대통령이 일괄 추천하며, 후보자 전체에 대한 찬반을 투표에 붙여 재적대의원 과반수의 출석과 출석대의원 과반수의 찬성으로 당선을 결정한다."

유신헌법 제40조 1, 2항이다. 그리고 이에 근거해 뽑힌 국회의원의 모임이 바로 유신정우회(유정회)였다.

유신 쿠데타 후 치러진 첫 국회의원 선거는 1973년 2월 27일이었다. 공화당은 지역구 전체에서 모두 당선자를 냈으므로 73석 그리고 야당인 신민당이 52석, 무소속 19석, 통일당이 2석을 얻었다.

헌법에 따라 나머지 1/3인 73명은 통일주체국민회의에서 뽑았다. '여소야대'는 영원히 불가능해졌다. 국회는 박정희 대통령의 영구 집권을 위한 존재로 전락했다. 그럼 박정희 대통령은 어떤 사람을 유정회 의원으로 뽑았을까?

"청와대 대변인 김성진은 1) 범국민적 차원에서 여야를 초월 2) 유신 이념이 투철한 인사 3) 국가관이 투철한 각계각층의 직능대표 4)

전문지식을 대의정치에 생산적으로 활용할 수 있는 신진 및 중견 인사 5) 농촌개발과 지역사회 발전에 모범이 되는 새마을지도자 6) 국민교육에 헌신한 교육계 지도자 7) 성실하고 능력 있는 각급 여성 지도자 등을 후보자로 정했다고 밝혔다. 후보의 선정은 청와대 비서실과 중앙정보부, 공화당이 각각 추천한 인물들을 비서실이 통합 정리하여 유력인사 100여명의 명단을 작성한 뒤 박정희가 직접 낙점 했다고 한다. 청와대는 극도의 보안을 유지해 가며 대상자에게 개별적으로 통보했다. 대상자에게 통보가 가던 2월 말에는 여권 인사 상당수가 전화기 앞에서 초조하게 기다렸으며, 후보 명단에 포함되었다는 사실을 통보받은 사람들 중에는 감격에 겨워 우체국으로 달려가 박정희에게 감사 전보를 친 사람들도 꽤 되었다고 한다."

— 2012.07.27. 〈한겨레〉

조선일보와 동아일보, 한국일보, 서울신문, MBC, KBS 등 각 언론사의 정치부장이나 논설위원, 편집국장, 부국장급 인사들이 이때 징발돼 국회의원 배지를 달았다.

일부 언론인들이 권력에 잘 보여 정치에 입문하기 위해 어용의 길을 망설이지 않는 풍토가 이때부터 시작됐다고 봐도 과언이 아니다.

'대통령이 임명한 국민의 대표'라는, 말도 안 되는 모순으로 태어난 73명의 국회의원들이 국회에 입성했다. 그럼에도 백두진 같은 인물은 유정회 회장을 거쳐 국회의장을 지내기도 했다.

이들의 의정생활은 대통령에게 충성한 것 외에는 없다. 그래서 이들이 등장한 후 국회는 통법부(通法府)로 불렸다. 당연히 이들은 거수기로 불렸다.

이들 유정회 의원들의 맹목적 충성심을 보여 준 아주 극명한 사례는 1975년 정기국회의 대정부 질문 현장에서 나타났다. 당시 고령이었던 신민당 정일형 의원(현재 민주당 정호준 의원의 조부이자, 정대철 전 의원의 선친임)은 대정부 질문을 통해 박정희 대통령의 하야를 요구했다.

이 발언 도중 유정회 소속 지종걸 의원은 "저런 X새끼 봐라"는 욕설을 퍼부었다. 이전까지 여야의 극명한 대치가 있긴 했어도 국회에서 동료 의원에게 'X새끼'라는 쌍소리가 나온 것은 처음있는 일이었다.

이뿐 아니다. 정재호, 송호림 의원은 단상으로 뛰쳐나와 발언 중인 정일형 의원의 멱살을 잡고 떠밀어 단상에서 끌어 내렸다. 야당 원로에게 비호처럼 가장 빨리 달려들었던 정재호 의원은 추후 '정비호'라는 별명으로 불리며 비난받기도 했다.

문제는 이들의 협잡정치가 여기서 끝나지 않은 데 있다. 이들 중 상당수는 박정희 사후 정권을 잡은 전두환 군부에 다시 가담해 민정당의 창당 주역이 되었다.

다선이란 이유로 국회의장도 되고, 밀실 야합을 잘한다고 대통령 제조기로 불리기도 했다. 오로지 권력만을 바라보는 인물들이 이 땅의 정치를 수십 년 동안 주물렀던 것이다.

5장. 분열의 화신들, 민주당에서 신민당까지

명멸해 간 야당들

정치가 욕을 먹게 한 것은 야당도 마찬가지다. 야당은 잦은 분열로 인해 야당 본연의 임무를 다하지 못했다. 그래서 권력자와 그 동지들인 여당의 부패도 전횡도 막지 못했다.

앞서 언급했듯 4.19혁명 덕에 정권을 잡은 민주당은 창당 당시부터 이어진 신-구 계파갈등을 이기지 못하고 끝내 신파의 민주당과 구파의 신민당으로 분당되었다.

그러나 분당 후 6개월 만에 박정희가 일으킨 5.16군사쿠데타로 모두 해산됐다. 그리고 2년이 지나서 정치가 재개되었을 때도 민주당 계열은 단일 진용으로 나서지 못했다. 이하는 신민당으로 단일 야당이 되기 전까지 명멸(明滅)해 간 민주당계 정당들이다.

민정당

장면 총리가 이끄는 민주당 신파에 반발해 민주당을 탈당하여 신민당을 창당했던 민주당 구파 세력이 주도하여 창당한 당이다. 여기에는 옛 자유당 출신들 가운데 공화당에 가담하지 않았던 사람들과 또 민주당 신파 소속이었으나 쿠데타 후 재창당된 민주당에 가담하지 않은 인물들도 있다.

1963년 6월 28일 창당한 민정당은 그해 치러진 6대 대통령 선거에서 윤보선을 대통령 후보로 공천했다. 하지만 윤보선은 박정희에게 근소한 차이로 패했다.

대선이 끝난 그해 11월 김준연 등이 창당했던 자유민주당을 흡수했고, 6대 총선에서 제1야당이 되었다. 이후 1965년 5월 11일 제2야당인 민주당과 합당, 민중당을 창당하면서 당명이 사라졌다.

민주당

장면이 이끌던 민주당을 재건한 당이다. 민주당 인물들 가운데 민정당에 가담하지 않은 인사들이 1963년 7월 18일, 박순천 등을 중심으로 모여 창당했다. 하지만 63년 대통령 선거에서 후보를 내지 않고 민정당 윤보선 후보를 야권 단일후보로 지원했다. 그해 총선에서 11석을 얻어 민정당에 이은 제2야당이 되었다. 이후 김병로 등 민정당 탈당 세력이 만든 국민의 당을 흡수했다. 그 뒤 민정당과 합당, 민중당을 창당하면서 당명이 사라졌다.

자유민주당과 국민의당

자유민주당은 1963년 9월 3일 구 민주당 출신들 중 민정당과 민주당에 가담하지 않았던 인물들이 김준연의 주도로 모여 창당했으나 1964년 11월 26일 민정당에 흡수되면서 소멸되었다. 국민의 당은 1963년 9월 5일 민주당과 민정당에 가담하지 않은 일부 의원과 무소속이 참여하여 창당하였고 이범석 등 자유당 탈당파 일부도 참여했다. 뒤에 이범석 등은 탈당하였고 1964년 9월 17일 민주당과 통합하면서 소멸했다.

민중당

1965년 야당의 1차 통합이 만들어 낸 최초의 단일 야당이다. 당시 제1야당 민정당과 제2야당 민주당이 통합, 윤보선-박순천을 공동대표를 뽑았다. 그러나 이 정당의 수명도 길지 못했다. 다시 윤보선 등이 이탈해 신한당을 창당했기 때문이다.

신한당

1966년 3월 30일, 단일 야당 민중당이 또 분열했다. 당시 민주당 공동대표이던 윤보선과 박순천이 한일기본조약에 대해 극명한 입장 차이를 보였기 때문이다. 이에 윤보선 등 강경파가 민중당을 탈당해 신한당을 창당했다. 하지만 1967년 대통령 선거를 앞두고 다시 민중당과 합당, 신민당이 탄생하므로 소멸했다. 통합야당 신민당 대통령 후보로 윤보선을 공천한다는 게 합당의 명분이었다.

통합 야당의 대명사, 신민당의 명암

지금까지 살폈듯 수차례 분열과 통합을 반복하던 야권 세력은

1967년 대통령 선거를 앞두고서야 비로소 신민당이라는 하나의
진용을 만들어 냈다. 이후 신민당은 1980년 헌법 9호 부칙에 의해
해산되기까지 13년 동안 제3공화국과 유신체제에서 제1야당으로
활동하면서 비로소 한국 야당사의 단일 야당 시대를 풍미했다.

그러나 신민당은 1967년 대선에서 윤보선을 앞세웠다가 박정희
에게 또다시 패했다. 그리고 박정희와 공화당의 3선 개헌을 막지
못했다.

4년 뒤인 1971년, 박정희의 3선을 위해 강압과 변칙으로 개정된
헌법에 의해 대통령 선거가 치러지게 되었다. 공화당은 당연히
박정희를 후보로 세웠다. 신민당은 이 대선마저 진다면 박정희의
영구집권 획책을 막을 수 없던 상황이었다.

당시 신민당은 유진오라는 유력한 대선후보가 있었다. 유진오
는 친일 혐의를 받고 있기는 했으나 제헌국회에서 헌법기초위원을
지냈으며 초대 법제처장을 지낸 법학자였다.

이후 고려대 법대학장, 고려대 총장 등을 역임했으며 1966년
민주당 대통령 후보로 지명되기도 했다. 그러나 민중당이 신한당
과 합당, 신민당이 되면서 대통령 후보로 윤보선을 공천하고 유진
오는 대표위원이 되었다. 이후 1968년 신민당 총재로 선출되었다.

총재 시절 박정희의 3선 개헌이 추진되자 "당의 운명을 걸고
3선 개헌 저지운동을 벌이겠으며 경우에 따라 소속의원의 총사퇴
도 고려하겠다"며 강경투쟁을 선도했다.

하지만 3선 개헌을 막지 못했으며 1969년 9월 10일 뇌졸중으로
쓰러진 뒤 1970년 1월 7일 일본 도쿄의 병석에서 기자회견을 통해

당수직 사퇴를 공식 발표했다.

이처럼 유진오의 와병으로 인해 신민당은 유력한 대선후보를 잃었다. 이에 김영삼 원내총무가 '40대 기수론'을 내걸고 출마를 선언해 새바람을 일으켰다. 여기에 김대중과 이철승이 가담했다.

이후 드라마틱한 승부 끝에 대통령 후보지명 전당대회에서 김대중이 역전승을 거두고 대통령 후보로 선출되었다. 하지만 김대중은 끝내 각종 부정선거 및 지역감정 조작 등 총력전을 펼친 공화당의 박정희에게 95만여 표 차이로 석패하고 말았다.

진산파동

1971년 4월 27일 치러진 대통령 선거에서 신민당은 김대중을 대통령 후보로 세우고 공화당 박정희와 결전을 치렀으나 패배했다. 당시 정치일정은 대선 약 한 달 후인 5월 25일 국회의원 총선거를 치르게 되어 있었다.

한 달 전 4.27대선에서 박빙의 승부 끝에 김대중은 패했으나 부정선거 의혹 등 박정희와 공화당에 대한 여론이 좋지 않았다. 따라서 총선을 앞둔 국민여론은 신민당에게 유리한 국면이었다. 신민당은 총선에서 과반 이상을 획득하겠다는 야심찬 승리를 노렸다.

국회의원 후보등록 마감일은 5월 6일이었다. 그런데 마감 전날인 5일까지 신민당 당수 유진산은 자신의 지역구였던 영등포 갑구에 후보등록을 하지 않았다. 그리고는 마감 날인 6일 기습적으로 자신을 전국구 1번으로 등록했다. 반발한 당원들이 당사와 유진산 집 앞까지 점거하고 유진산에게 정계은퇴, 당 총재직 사퇴, 전국구 후보 사퇴 중 하나를 선택하라고 요구했다.

사태는 주류 진산계와 김대중계 청년당원들의 패싸움으로 번졌으며 급기야 7일 신민당 중앙당사 난동사태로까지 이어졌다. 결국 유진산은 당직을 사퇴했다. 이른바 진산파동이다.

김대중은 당 원로들과 협의해 유진산을 당에서 제명하고 총선 기간 동안 자신이 당수 권한대행을 맡는 수습안을 발표했다. 그러나 김영삼 등 진산계 주류는 김대중의 당권장악을 거부했다. 총선을 코앞에 두고 당은 엄청난 내홍을 겪다가 김홍일을 신민당 당수 권한대행으로 하는 수습안으로 당을 정상화했다.

4일 동안 이어진 이 파동이 신민당에 준 상처는 너무나 컸다. 총선 전열을 정비해야 할 야당이 한때 마비 상태에 이르러 신민당 중앙당은 5.25국회의원 총선거 유세 계획조차 세우지 못했다. 결국 이 파동은 지지 여론을 식게 만들었다. 그리고 공화당에게 다시 과반의석을 넘겨주었다.

이후 진산계는 1972년 9월 20일 반쪽 전당대회를 강행하는 등 유진산의 당권을 지키는데 총력을 기울였다. 이에 김대중계 등 반진산연합계는 효창동 김홍일 자택에서 단독 전당대회를 열고 김홍일을 당수로 선출했다. 결국 신민당은 당수가 2명인, 분당 상태에 이른 것이다.

유신이라는 날벼락은 이런 분열 상태에서 떨어졌다. 1972년 10월 대통령 박정희는 유신이라는 친위쿠데타를 통해 영구집권을 꾀했다. 신민당은 이를 막지 못한 것은 물론 국회까지 해산당했고, 나라는 철권통치만 난무하는 겨울공화국으로 치달았다.

야당 당수 김영삼과 이철승

유신으로 시작된 겨울공화국은 엄혹했다. 야당은 전열을 정비해야 했다. 1973년, 김의택 총재권한대행 체제로 치른 전당대회에서 김영삼이 총재에 당선되었다. 야당 당수 김영삼 시대가 열린 것이다.

그러나 유신체제를 지키기 위한 박정희는 긴급조치를 남발했다. 이 긴급조치로 많은 민주인사들과 청년학생들이 공안탄압에 시달리고 있었다.

1975년 5월, 신민당 총재 김영삼은 그 엄중한 정국에서 여야영수회담을 요구했다. 박정희 대통령이 김영삼의 요구를 수락, 21일 청와대에서 영수회담을 가졌다.

하지만 이 회담 때문에 김영삼은 신민당 총재직을 잃었다. 이른바 밀실야합설 때문이었다. 김영삼이 박정희의 독재를 용인하면서 정보부를 통해 정치자금을 지원받기로 했다는 설이었다. 야당은 시끄러웠고 언론의 의혹보도도 줄을 이었다. 하지만 김영삼은 '남자끼리 지키기로 한 약속은 무덤까지도 비밀'이라며 여러 의혹에 대해 침묵했다.

결국 그해 신민당 전당대회는 단일지도체제인 총재직을 폐지하고 집단지도체제를 도입했다. 그리고 이 전당대회에서 이철승이 대표최고위원으로 당선되었다. '청와대 밀약설'로 고초를 겪던 김영삼이 임기 2년 만에 이철승에게 당권을 빼앗긴 것이다.

당권을 잡은 이철승은 '참여하의 개혁'이란 화두를 던지면서 이른바 '중도통합론'으로 당을 이끌었다. 하지만 이런 노선은 결과적으로 '낮에는 야당, 밤에는 여당'이란 비난을 불러왔다. 박정희의 철권통치는 갈수록 심해졌다. 긴급조치가 9호까지 발령되는 등, 술자리에서 대통령 이름 뒤에 '각하'를 붙이지 않아도 잡혀 간다는 말이 돌 정도의 암흑시기였다.

다시 1979년 6월, 신민당 전당대회가 열렸다. 와신상담한 김영삼은 당권 탈환을 외치며 '선명 야당'을 기치로 내걸었다. 그러나 당내 대의원 세력이 이철승파에 턱없이 부족했다. 이때 김대중이 나섰다. 김대중은 정보부와 경찰의 눈을 피해 자파 대의원들의 숙소인 중국집 '아서원'을 방문, 김영삼 지지를 호소했다. 그리고 김대중의 지원을 받은 김영삼은 극적으로 이철승을 물리치고 당권을 탈환했다.

박정희의 종말

정국이 급변했다. 철권통치의 오랜 탄압은 노동자들을 투쟁으로 내몰았다. 이 와중에 외국인 투자 섬유업체인 YH산업 여성노동자들이 노동쟁의 중 사측과 경찰의 탄압을 받고 신민당사로 대피했다. 그리고 신민당사에서 농성을 벌이며 근로조건 개선과 임금 인상 및 강압적 노조파괴행위 중단을 요구했다.

신민당이 당국과 사측에게 합의를 종용하던 중 경찰은 여성노동자들의 농성을 해산시킨다는 명목으로 신민당사에 강제로 진입했다. 경찰의 강제진입이 이뤄지자 농성 중이던 노동자 한 명이 당사 8층에서 뛰어내리다 사망하는 참사가 벌어졌다.

정국은 강 대 강의 대치상태가 계속되었다. 이 상태에서 김영삼의 〈뉴욕타임즈〉 인터뷰 내용이 알려졌다. 핵심은 "미국이 박정희의 독재를 제어해야 한다."였다.

박정희는 격분했다. 공화당은 '사대주의자'라고 김영삼을 비난하며 그를 국회에서 제명하는 폭거를 저질렀다. 하지만 이 폭거가 박정희 정권의 종말을 고하는 결과를 가져왔다. 김영삼이 제명되자 부산과 마산에서 거센 민중 의거가 일어났다. 그 유명한 '부마항쟁'이다.

박정희는 위수령으로 다스리려 했다. 그러자 이를 못마땅하게 생각한 중앙정보부장 김재규가 박정희를 저격해 사망케 하면서 박정희 정권은 종말을 고했다. 하지만 신민당도 결국은 1980년 5.17쿠데타를 일으킨 전두환에 의해 해산되면서 그 지난한 여정을 마감했다.

지금까지 살폈듯 5.16군사쿠데타 후 박정희 정권 시절 이토록 정치가 엉망이었는데도 이 시기 기록적인 경제 발전이 이뤄진 것에 대해 의외라 하지 않을 수 없다. 전국적으로 대규모 토목 사업을 일으켜 경기를 재건하고, 경제 구조도 경공업에서 중화학 공업 위주로 과감히 재편해 나간 데 대해 박정희 정권이 리더십을 발휘한 것은 사실이다.

그러나 박정희는 민주공화국 대한민국에서 종신 집권을 꿈꿨다. 이 목적의 달성을 위해 정치인, 경제인, 언론인, 대학교수 등 지식인 그룹, 심지어 젊은 대학생에게까지 '내 편인지 아닌지'를 물었다. 그리고 반대편은 그 어떤 혹독한 탄압도 서슴지 않았다. 그것이 한국 정치와 민주주의, 지역 발전에 끼친 해악은 이루 말할 수 없다. 그 후유증이 지금도 우리 사회 발전의 발목을 잡고 있다.

그러나 박정희의 쿠데타가 성공할 수 있도록 한 2공화국 장면정부도 이에 대한 최소한의 책임은 있다. 민중이 혁명을 통해 만들어 준 민주주의 국가 건설의 기회를 군사쿠데타 세력에게 내준 원죄는 말할 것도 없다.

2공화국 민주당 세력은 이후 그들의 행태. 군사 독재 시절에도 하나된 야당으로 힘을 합하지 못하고 분열과 명멸, 통합, 재분열 등을 거듭하며 끝내 독재 여당의 견제 세력으로 자리매김하는데 실패했다. 그 결과 박정희의 폭압 정치는 20년 가까이 이어질 수 있었고 한국의 민주주의와 정치 발전은 그만큼 더뎌질 수밖에 없었다. 이들의 이런 실책이 민중에게 정치가 밥을 만들어 주지 못하고 욕만 만드는 정치의 시기를 길게 한 것이다.

6장. 공화당의 삼쌍둥이 민정당

민주와 정의가 없는 민주정의당

12.12군사 반란으로 군권을 장악한 전두환 군부는 5.16쿠데타 세력인 박정희 군부의 길을 그대로 답습했다.

박정희는 5.16쿠데타 후 국회와 제 정당을 해산시키면서 '국가 재건최고회의'를 출범시켰다. 전두환은 5.17쿠데타 후 '국가보위 입법회의'를 출범시켰다.

박정희는 미지의 정적 장도영 전 육군참모총장을 반혁명분자로 몰아 숙청했다. 전두환은 김대중을 내란주동자로 몰아 사형을 선고했다.

박정희는 사회 안정을 이유로 병역 기피자, 깡패, 부랑자는 물론 좌익 경력자, 6.25 부역자 등을 잡아다 '국토 건설단'을 만들어 강원도 정선, 제주도 등 오지로 격리했다. 전두환도 똑 같은 이유로 '삼청교육대'를 만들어서 깡패나 부랑자 또는 불순분자들을 잡아다가 강제로 격리시켰다.

민정당도 공화당을 그대로 모방했다. 박정희는 쿠데타 후 구 정치인들을 묶어 두려고 '정치활동 정화법'을 만들었다. 전두환은 구 정치인들을 정치권에서 퇴출시키려고 '정치 풍토 쇄신법'을 만들었다.

박정희는 쿠데타 후 이병철 등 경제인들을 부정축재자로 잡아 가둔 뒤 자신들의 계획에 따라 차근차근 풀어줬다. 전두환은 김종필, 이후락 등은 부정축재자, 김대중은 반란 수괴로 일단 정치권에서 퇴출시키고, 김영삼은 압력을 가해 정계은퇴를 선언하게 했다.

이런 상태에서 박정희는 정보장교 출신 김종필에게 비밀리에 공화당을 창당하게 했다. 전두환도 보안사 장교인 권정달과 그 수하 이상재에게 민정당을 창당하게 했다.

공화당-유정회 인사(김윤환, 박준규, 김재순), 신민당 출신 인사(이재형, 채문식, 김정례)들이 주축이었고 전두환을 비롯한 노태우, 권정달, 허화평, 이춘구 등 군 출신과 이한동, 박희태 같은 검찰출신이 창당 주요 멤버였다.

그럼에도 이들의 구호는 정의사회 구현이었고 새정치였다. 정의와 전혀 상관없고 새정치와는 도대체 연관이 없어 보이는 사람들이 정의를 부르짖고 새정치를 외친 것이다. 그들의 정의는 독재요 그들의 새정치는 협잡에 부정축재였다. 시차 20년을 둔 완벽한 공화당의 샴쌍둥이, 민주도 정의도 없는 민주정의당이 탄생한 것이다.

군복을 벗은 전두환이 민정당 총재로 취임했다. 당 대표는 신민당 출신 이재형이었다. 새로 제정된 5공화국 헌법에 의해 전두환은 체육관 선거를 통해 대통령으로 당선되었다.

민정당 창당에 얽힌 의혹, 10.27법난

1980년 10월 27일 전국의 유명한 불교 사찰들을 군인들이 유린한 사건이 일어났다. 각 사찰의 재정권을 쥐고 있던 주지승들이 군인들의 강압적 제압에 절에서 끌려나와 내동댕이쳐졌다. 명분은 불교 정화였다. 하지만 역사는 이를 10.27법난이라고 이름을 붙여줬다. 전두환 군부의 민정당 창당과정 중 일어난 사건이다.

이 사건은 곧바로 민정당 창당자금 확보 의혹으로 번졌다. 무력으로 불교를 장악한 뒤 자신들에 비협조적인 스님들을 내쫓고는 불교의 재산을 강탈, 그 강탈 자금을 민정당 창당자금으로 쓰려 했다는 의혹이다. 그러나 5.16군부의 공화당 창당 과정 중 4개 의혹사건이 일어났던 것과 마찬가지로 이 의혹도 끝내 진상이 밝혀지지 않았다.

후일 전두환 측은 비자금 문제가 불거지자 통치자금 운운하면서 1980년 대통령이 될 당시 이미 그에게 전직 대통령의 통치자금을 포함해 1조원 정도가 있었다고 말했다. 그리고 이 가운데 민정당 창당에 500억 원을 지원했다고 말했다. 즉 창당자금 마련을 위해 4대 의혹사건 같은 일을 벌일 필요가 없었다는 해명이었다.

7장. 이어진 분열의 역사, 5공화국과 야당들

민주한국당 탄생과 소멸

국보위는 기성 정치인들 거의 전부를 정치 규제자로 묶었다. 그리고 이들 중 선별하여 풀어준 1차 해금자 가운데 민정당에 합류할 인사들을 골랐다.

이어서 나머지 인사들 중 구 신민당계 인사들에게는 민한당, 구 공화당계 인사들에게는 국민당을 창당할 수 있도록 물밑작업을 했다. 이 물밑작업에는 사람 선별뿐 아니라 창당 자금 지원까지 포함되었다고 알려져 있다.

1981년 1월, 구 신민당계 인사들은 유치송을 총재로 하여 민한당을 창당했다. 그리고 체육관 대통령 선거에 유치송은 대통령 후보로 출마하여 7.7%를 득표했다.

이어서 3월 실시된 제11대 국회의원 총선거에서 민한당은 전체 유효투표의 21.6%를 획득, 총 81석의 의석을 확보해 제1야당이 되었다.

그러나 관제 야당으로 탄생한 민한당은 한계가 뚜렷했다. 곳곳에서 터진 민주화 투쟁에 민한당은 어떤 기여도 할 수 없었다. 결국 87년 6월 항쟁 후 자연스럽게 소멸되었다.

김영삼 단식과 김대중 귀국

5공화국 출범 이후 곧바로 곳곳에서 민주화를 열망하는 시도가 일어났다. 5.18광주항쟁 2주년이 되는 1983년 5월 18일, 가택에 연금 중이던 김영삼이 민주회복, 정치복원 등 민주화를 위한 전제조건 5개항을 내걸고 단식에 들어갔다.

외신들은 이를 신속하게 보도했으며 시시각각 상황변동을 알렸다. 해외 여론이 불붙었고 미국에 망명 중인 김대중도 해외 여론을 적극 부추겼다. 국내 언론이 단 한 줄도 보도하지 않았지만 재야단체는 모두 한 몸으로 동조했다. 이 단식은 6월 9일 끝났다. 김영삼은 가택연금 해제라는 효과를 얻어냈다.

김대중이 미국 망명을 끝내고 귀국했다. 김대중의 귀국은 전 세계의 주목을 받았다. 미국의 〈타임〉지가 '폭풍의 귀국'이라는 제목을 달아 보도할 정도였다. 전두환 정권은 김대중을 귀국 현장에서 격리, 가택 연금 조치를 내렸다. 국민의 민주화 요구는 더욱 거세졌다.

신한민주당(신민당) 탄생과 분당

1884년 12월, 전두환 군부 정권은 이듬해 총선을 앞두고 정치규제자로 묶어 두었던 인사들 중 2차로 규제를 풀어 주는 조치를 단행했다.

김영삼은 투쟁적 야당 창당을 위해 측근인 김동영, 최형우 등을 앞세워 동교동계 좌장 역을 하는 김상현 등과 논의했다. 김상현은 미국의 김대중과 연락을 취한 뒤 상도동─동교동 합작 신당을 창당하기로 의견을 모았다.

신당 창당이 알려지자 일부 민한당을 탈당한 인사들이 합세했다. 그리고 총선을 한 달 앞둔 1985년 1월 18일 이민우를 총재로 한 신한민주당이 창당되었다.

1985년 국회의원 총선거일은 2.12일이었다. 신당 창당 날짜와 최대한 가까운 시기에 총선을 치러야 신당 돌풍을 잠재울 수 있다는 전두환 정권의 작전이었다.

국회의원은 1개 지역구에서 2인을 선출하는 제도였다. 전국구는 원내 1당이 2/3를 가져갔다. 기존 민한당 국민당에다 신당 후보가 출마하면 1여 다야 게임이었다. 당연히 민정당의 과반수 의석 확보는 크게 어렵지 않았다.

하지만 전두환 정권은 신당이 관제 야당인 민한당과 국민당에게 이기지 못하도록 해야 했다. 2월 선거는 이들에게 최적이었다. 언론도 창당 일정이 촉박한 신당이 최대한 선전했을 때 20석, 평년작이면 12~13석을 얻는데 그칠 것으로 내다봤다.

하지만 이들의 예측은 빗나갔다. 이민우 총재가 종로·중구에 출마하면서 바람을 일으켰다. 이 바람은 전국으로 확산되었다. 이 바람에 따라 신당은 수도권을 비롯한 대도시 지역에서 민한당과 국민당에 압승하면서 지역구 50석과 전국구 17석을 차지하는 기염을 토했다. 총 67석을 얻어 원내 2당이자 제1야당으로 등극했다.

이 선거에서 35석을 얻은 민한당은 유치송 총재 등 3명만 남고 모두 탈당했다. 그리고 탈당한 이들이 대거 신당에 가세했다. 창당된 지 1개월이 안 된 신한민주당은 야권 무소속 당선자까지 가세해 순식간에 의석수가 103석으로 늘어났다.

전두환은 격노했다. 이 격노는 잘못된 선거 분석을 내놓은 안기부를 질책하는 것으로 돌아갔다. 그 후 노신영 안기부장은 경질되었다.

신민당은 명실상부한 제1야당이 되었다. 그런데 1986년 12월, 신민당 총재 이민우는 전두환 정권이 민주화 조치를 먼저 단행할 경우 내각제 개헌을 수용할 수 있다는 이른바 '이민우 구상'을 발표했다. 양김을 중심으로 동교동 상도동계는 이민우 구상을 성토했다. 반면 내각제 개헌 찬성파는 양김에 반박하면서 격렬한 내분이 일어났다.

1987년 4월 양김은 자파 의원 74명을 이끌고 집단 탈당했다. 지리멸렬하던 신한민주당은 1988년 4월 26일 제13대 국회의원 총선거에서 이철승 등 일부 인사들이 분전했지만 결국 단 한 명의 당선자도 내지 못하여 정당법에 따라 소멸했다.

통일민주당 탄생과 분당

1987년 4월 신한민주당을 집단 탈당한 동교동계와 상도동계 의원들은 즉각 신당 창당에 나섰다. 이때 이 신당의 동대문지구당 창당 행사에 정체불명의 20대 청년 150여 명이 도끼로 지구당 출입문을 부수고 난입해 당원들을 무차별 폭행하고 사무실 집기를 불태웠다. 이어서 서울, 인천 등지의 통일민주당 지구당 창당 행사장 곳곳이 이들의 습격을 받았다.

청년들의 배후는 나중에 신민당 사무총장이던 이택돈 등으로 밝혀졌다. 이들이 안기부의 자금 지원을 받아 '용팔이 김용남'을 통해 깡패들을 동원해 일으킨 사건이었다. 이 사건으로 이택돈, 김용남 등은 사법처리를 받았다. 그 유명한 '용팔이 사건'이다.

이런 방해를 뚫고 창당된 통일민주당은 5월 27일 재야단체들과 합동하여 민주헌법쟁취국민운동본부(국본)를 결성했다. 이어서 대통령직선제 개헌 관철을 위한 집회와 시위 등 장외 투쟁을 강화하면서 전면 투쟁에 돌입했다.

6.10국민대회, 6.26민주헌법쟁취국민평화대행진 등을 재야와 함께했다. 결국 대통령 직선제를 수용하고 김대중 등을 사면복권하겠다는 노태우의 6.29선언이 나왔다.

그러나 6.29 후 통일민주당은 급격한 당 내분에 들어갔다. 김영삼과 김대중의 대통령 후보 단일화 문제 때문이었다. 이 내분은 1987년 10월 29일, 통일민주당 소속 동교동계 의원 전원이 집단 탈당해 평화민주당 창당에 가세하면서 분당으로 이어졌다.

김대중의 정치재개와 평화민주당

6.29선언으로 사면복권된 김대중은 1980년 서울의 봄 이후 7년

만에 자유의 몸이 되었다. 후보단일화 논의가 한창이던 1987년 9월, 김대중이 광주와 목포를 찾았다. 광주는 무려 16년 만이었다.

당시 김대중이 도착한 광주 역 광장과 광주 시내의 모든 도로는 말 그대로 인산인해였다. 광주와 목포 방문을 끝내고 귀경하던 김대중은 대전역 광장에서 연설을 했다. 모인 청중은 헤아릴 수 없었다. 이 행보를 두고 언론은 김대중의 독자 출마를 예견하기 시작했다.

양김의 치열한 단일화 싸움은 세력싸움을 넘어 감정대립으로 격화되어 갔다. 급기야 전국 재야단체를 총망라했다는 민주통일 민중운동연합(민통련)은 양김을 불러다 초청 토론회를 연 뒤 끝장 토론을 벌였다. 그리고 나온 결론이 '김대중 비판적 지지'였다. 민통련이 야당 단일 후보로 김대중을 추천하기로 결정하고 이런 내용을 담은 결의문을 발표한 것이다.

이 발표 후 시민단체와 재야인사들이 속속 김대중 지지를 선언 했다. 김영삼과 김대중은 1987년 10월 22일 외교구락부에서 단둘 이 만나 담판을 열었다. 그러나 결론이 나지 않았다. 결국 김대중 은 독자 출마를 결심했다. 통일민주당을 탈당하고 신당 창당을 선언했다. 김대중의 행동에 따라 통일민주당 내 동교동계 의원들 의 연이은 탈당행렬이 이어졌다.

1987년 11월 12일 김대중은 평화민주당 중앙당 창당 및 대통령 후보 추대 전당대회에서 대통령 후보로 추대되었고, 당 총재에도 취임했다. 평민당 대통령 후보 김대중의 유세장엔 구름 같은 인파 가 몰렸다. 여의도와 보라매공원 유세엔 130만, 200만이란 기록적 인파도 모였다. 현장은 평민당 상징색인 노랑 물결의 바다였다.

그러나 12월 16일 대통령 선거 결과는 뜻밖이었다. 노태우 36.6%, 김영삼 28.0%, 김대중 27.1%. 3등이었다. 2등도 아닌 3등이었다. 김대중과 평민당으로선 도저히 믿을 수 없는, 믿기지 않는 패배였다. 대선 3개월 전 중앙일보가 실시한 여론조사에서 김대중은 22.7퍼센트의 지지율이었고 김영삼은 고작 6.1퍼센트였는데 2등도 못하고 3등을 했다. 김대중도 지지자도 호남도 평민당도 엄청난 충격을 받았다.

선거가 끝나자 후유증은 깊었다. 특히 김영삼 지지 세력들의 김대중 죽이기는 살벌했다. 언론이 패인을 후보 단일화 실패로 돌리면서 단일화 실패의 책임을 김대중에게 묻는 형국이었기 때문이다. 언론의 지원을 받은 김영삼은 김대중에게 연일 독설을 퍼부었다. 그리고 아예 평민당을 민주당으로 흡수 통합하겠다고 큰소리를 쳤다. 언론의 때리기와 김영삼의 악의에 찬 비난에 김대중은 결국 사과했다.

이런 상황의 평민당도 김대중도 돌파구를 찾아야 했다. 1988년 2월, 13대 총선을 앞두고 재야단체인 평민련과 합당 형식으로 당을 확대 개편하면서 평민련 소속 재야인사들을 포함, 각계 91명을 영입했다. 김대중은 총재를 사퇴하고 당을 박영숙, 문동환 공동 대표체제로 개편하면서 전국구 11번으로 등록했다. 벼랑 끝 승부수였다.

이 벼랑 끝 승부수는 통했다. 유세기간 내내 전국 어디든 평민당 후보가 있는 곳이면 가서 지원유세를 했다. 총선 결과 평민당은

70석(지역구 54, 전국구 16)을 얻어 당당히 제1야당의 자리에 올라섰다. 전국구 11번을 마지노선이라고 했으나 16번까지 당선되었다. 김대중은 그해 5월 7일 임시전당대회에서 총재로 다시 추대되었다. 국회는 5월 30일 개원했다. 김대중은 16년 만에 다시 의원배지를 달았다.

사라진 통일민주당

통일민주당도 충격을 받은 것은 마찬가지였다. 김영삼을 대통령 후보로 선출하고, 대통령 선거에 임했으나 김영삼은 유효투표의 28.0%를 획득하는데 그쳤다. 36.6%를 획득한 민주정의당의 노태우 후보에 이은 2위에 머물러 낙선한 것이다.

특히 이어진 1988년 13대 국회의원 총선거에서 통일민주당은 지역구와 전국구를 합쳐 총 59석을 얻는데 그쳤다. 125석의 민정당과 70석의 평민당에 밀린, 제3당이었다.

전국 득표율에서 2위를 차지했으나 지역구에서 2등으로 낙선한 후보가 많아 당선자 숫자에서 평민당에 밀렸다. 게다가 대선 직후 한겨레민주당으로 일부 인사들이 탈당한 것도 하나의 이유가 되었다. 김영삼으로선 통한의 결과였다.

그러나 이 선거결과는 정국을 여소야대로 만든 획기적 사건이었다. 이후 한동안 여소야대 국회에서 평화민주당, 신민주공화당 등과 공조하여 노태우 정부를 견제하는 등 긍정적 효과도 가져왔다.

그런데 이런 긍정적 효과는 오래가지 못했다. 1989년 치러진 동해시 보궐선거에서 후보 매수 사건이 터졌다. 당시 통일민주당 사무총장이던 김영삼의 측근 서석재가 이 사건에 연루되어 구속되었다. 이는 김영삼의 차기 대선 가도를 위협하는 사건이었다.

여소야대 정국을 견디지 못한 노태우는 이런 위기의 김영삼에게 합당을 권했다. 야합 요구였다. 결국 이 야합 요구에 김영삼과 신민주공화당 김종필이 호응하면서 1990년 3당 합당이 완성되었다.

하지만 이들의 야합은 국민들을 충격에 빠뜨렸다. 자신의 투표 행위가 정치인들에 의해 왜곡되는 현장을 목격한 충격이었다.

그리고 이 야합으로 그동안 50년을 야당으로 자리했던 세력의 한 축이 여당으로 변신하면서 무너졌다. 김영삼은 또 한국의 야당사에서 지워졌다. 그와 함께 통일민주당도 야당 역사에서 지워졌다. 김영삼으로서도 정치역사로도 불행한 사건이었다.

사라진 평화민주당

정국은 왜소한 야당과 거대한 여당의 대립으로 짜였다. 평민당 총재인 김대중은 이 상황을 돌파해야 했다.

우군으론 김영삼의 3당 합당에 반발, 동참하지 않은 노무현, 김정길, 이기택, 김광일, 장석화 등과 이철, 박찬종, 홍사덕 등 야권 무소속 의원들을 포함 현역 의원 8명이 꼬마 민주당을 결성해 야권에 합류해 있었다.

이 정도 세력으로 원내 2/3가 넘는 거대 여당 민자당을 상대하기에는 역부족이었다. 김대중은 평민당과 꼬마 민주당 그리고 재야 민주세력을 모두 통합하는 통합 야당 건설에 나섰다.

그러나 당의 지분 등 기타 복잡한 문제로 일거에 일은 풀리지 않았다. 결국 김대중이 평민당 총재직에서 물러났다. 이후 평민당은 이우정, 신계륜, 장영달 등 재야인사들을 영입하는 소통합을 단행, 당명을 신민주연합당(신민당)으로 바꿨다. 이로서 평민당이란 이름도 역사 속으로 사라졌다.

그러나 1992년 총선과 대선을 야권이 분열된 상태로 치를 수는 없었다. 신민당은 다시 야권 통합에 나섰다. 그리고 끝내 꼬마민주당 세력과 통합을 완성하면서 김대중−이기택을 공동대표로 한 통합민주당을 창당했다. 하지만 이 합당에 박찬종 등은 참여치 않았다.

8장. 87년 체제 이후 정치가 국민을 배반한 사례들

민중을 배신한 87체제의 정당정치

민중항쟁으로 얻은 대통령 직선제와 486들의 정치적 득세, 이 것이 87체제의 산물이다. 따라서 87체제 후의 정치는 이전 정치와 달라야 했다. '블랙 판타지'가 아닌 자유와 인권이 보장된 완벽한 민주제, 유권자의 표심이 정치권력의 힘을 제어하는 유권자 위주의 정치가 되어야 했다.

그러나 그러지 못했다. 왜 그랬을까? 왜 정치는 계속 국민들에 게 '블랙 판타지'라는 인식만 심어주고 있을까? 우리 정치가 '정치 인 위주'가 아닌 '유권자 위주'는 정말 보여 줄 수 없는 것일까? 그래서 87체제 이후의 정치도 어떻게 국민들의 기대를 배반했는 지 살펴보는 것이 매우 중요하다.

이승만과 그 세력, 박정희와 그 세력, 전두환과 그 세력 등은 물론 이에 대항했던 야당 세력도 마찬가지로 정치를 '블랙 판타지' 로 만든 장본인들이다. 겉으론 국민을 내세우나 실은 자기들만을 위한 정치였다.

특히 이승만 박정희 전두환의 폭압적 통치술은 반대 세력의 극렬 반발을 불렀다. 때문에 국민은 이들에 반대하는 야당을 '탄압받는 선한 정치세력'으로 오인했다.

실제로 70년대 야당 신민당은 박정희의 폭압에 반발하는 학생과 재야인사들이 그나마 기댈 수 있는 정치세력이었다. 이런 역사는 전두환 쿠데타 이후에도 이어졌다. 이때도 국민의 눈에는 야당은 탄압받는 선한 정치세력으로 보였다. 그래서 야당에 의지해 인권과 자유, 민주와 정의를 찾고자 했다. 그 결실이 1987년 민중항쟁이다.

하지만 야당 정치권이 이를 배신했다. 역설적으로 민중항쟁을 통해 그들도 블랙 판타지 극의 출연자라는 것을 알게 되었다.

그동안 선한 세력으로 보았던 야당의 속살을 제대로 볼 수 있게 되었다. 모든 정치인이나 정치세력이 가진 권력을 향한 탐욕적 속살, 이것이 보여짐으로 결국 '특별히 다른 것은 없구나'의 심리를 국민들은 갖게 되었다. '그놈이 그놈' 심리가 확연해진 것이다. 그 시초가 양김 분열이며 이후가 3당 합당이다.

이후 국민들은 새정치를 논하기 시작했다. 정치인들을 위한 정치가 아니라 국민을 위한 새정치를 논하기 시작한 것이 이때부터라는 말이다. 양김 청산, 지역주의 청산, 민생우선, 극단주의 타파, 이 용어들이 등장했다. 그러나 용어들만 난무했다.

그러면 87체제 이후 정치가 국민을 배반한 사례는 어떤 것일까? 나는 크게 5가지로 분류한다.

양김 분열

1987년 6월항쟁 성공도 4.19혁명의 성공과 마찬가지로 정치권, 특히 야당의 투쟁으로 얻어진 것은 아니다. 야당 재야 학생 일반시민의 합작으로 얻어낸 것이다.

그럼에도 야당 정치권은 자신들만의 힘으로 쟁취한 양 행동했다. 그것이 '블랙 판타지'의 연장 공연이었다. 연장의 신호는 개정된 헌법이었다. 고작 체육관 간선제로 뽑는 7년 단임 대통령을 국민 직선으로 뽑는 5년 단임제로 바꾼 것이다.

물론 국회의원도 중선거구제에서 소선거구제로 바꾸기는 했다. 그러나 대통령의 제왕적 권한은 거의 살린 독재 헌법의 흔적이 거의 그대로 남아 있었다.

3권 분립을 말하면서 대법원장을 대통령이 추천하고 임명하는 것, 대법관 임용권도 대통령과 여당의 힘이 좌우하도록 한 것, 헌법재판소를 설치하면서 재판소의 기능을 대통령과 여당이 좌우할 수 있도록 한 것, 감사원을 대통령 직속으로 두고 원장 임명권을 대통령이 장악한 것은 대통령이 곧 제왕이란 증표다.

국회의 권한이 대통령에 비해 현저하게 낮은 것도 그렇다. 일단 국회의 각료 해임권이 없는 것이 대표적이다. 고작 해임건의권을 부여했는데 이도 강제조항이 아니다. 그러면서 가장 중요한 조항, 즉 대의제의 기속위임(羈屬委任)이 최소한이라도 보장되는 국민소환제는 도입하지 않았다. 이는 행정부 견제 권한을 줄인 대신에 국회의원들에게 다른 특권을 부여한 사실상 유권자 기만이다.

이 외에도 헌법은 곳곳에서 대통령이 곧 제왕적 힘을 갖고 있음을 나타내고 있다. 그리고 이 제왕적 권력을 향해 야당의 양대 거두인 양김은 분열했다. 각 진영은 모두 국민을 위한 것이라고 포장했지만 실질적 목적은 자신들이 권력을 쥐는 것이었다. 따라서 당연히 양김을 따르던 세력도 분열했다.

양김은 모두 상대에게 대통령을 양보할 의사가 전혀 없었다. 상대를 밀어내고 자신이 후보가 되면 틀림없이 집권할 것이라는 생각만 했다. 2공화국의 윤보선과 같은 허수아비 대통령은 하지 않겠다는 의지만 더 강했다.

이 의지 때문에 대통령 권한을 강화하는 헌법을 싫어할 이유가 없었다. 양김 분열은 이미 개정헌법안이 나왔을 때 이미 기정사실화 되었던 것이다. 결국 양김 모두 대통령 후보로 출마했으며 결과는 노태우의 어부지리 당선이었다. 이 분열로 인한 폐해는 이루 셀 수가 없다. 가장 큰 폐해가 지역분열이다. 물론 이전에도 민중들 안에 자연적으로 형성된 영호남의 지역갈등은 분명히 있었다. 하지만 양김이 분열되기 전 야권은 이 지역갈등을 제어하는 역할을 했었다.

대구 경북이 본산인 박정희 세력이 권력을 장악하고 있었을 당시 김대중 김영삼이란 양대 거두는 영호남 야권을 장악하고 있었다. 특히 김영삼이 부산 경남을 장악하고 있었으므로 영남의 여야 균형은 유지될 수 있었다.

이처럼 김영삼과 김대중이 한편이었기 때문에 정치적으로 첨예한 지역갈등이 생길 원천을 차단하고 있었던 셈이다. 하지만 김영삼과 김대중이 분열함으로 야권의 갈등이 지역갈등으로 비화했다.

자연스럽게 재야세력도 분열됐다. 재야인사들도 출신지역에 따라 갈라진 것이다. 1987년 대통령 선거 당시 김대중과 김영삼은 최대한 많은 재야인사들을 자파로 끌어들이려고 경쟁했다. 그래서 많은 재야인사들이 출신지역, 친소관계 등에 따라 김대중 세력과 김영삼 세력으로 갈라졌다.

이런 재야세력의 분열이 우리 사회에 남긴 폐해가 어쩌면 더 크다. 재야세력이 하나의 세력으로 남았다면 정치권의 지역 편가름을 질타하면서 제어할 동력은 가질 수 있었을 것이다. 그러나 재야인사들이 출신지역에 따라 양김세력으로 투항하면서 이 제어선이 뚫렸다.

현재 지역갈등은 다수의 소수차별이란 폐해가 고스란히 드러나고 있다. 특정지역에 대한 다수의 차별은 이전에 있었던 암묵적이었던 차별이 아니라 노골적 차별로 변했다. 그리고 지금은 노골적 차별을 부끄러워하지도 않는다.

3당 합당

1990년 1월 22일, 노태우 김영삼 김종필은 자신들이 이끌던 민정당과 통일민주당, 신민주공화당을 합당, 하나의 여당으로 만들었다. 선거를 통해 만들어 준 정치지형을 정치인이 자기 욕망을 위해 인위적으로 바꾼 '정당 쿠데타'였다.

이 합당은 물론 노태우와 김영삼 김종필의 정치적 이해관계가 맞아떨어진 것이었지만 좀 더 본질적으로 보자면 김영삼의 한풀이 정치였다. 1971년 신민당 대선후보 경선에서 김대중에게 패했던 앙금에다 1988년 총선 패배의 앙금까지 얹은 한풀이였다.

이로 인해 1988년 총선을 통해 국민이 만들어 준 여소야대 국회는 거대한 민자당과 왜소한 평민당이란 정치구도로 바뀌어 버렸다.

이는 호남이라는 특정 지역을 포위한 형국이기도 했다. 때문에 지역갈등을 부추겨 지역주의 정치와 보스정치가 완벽하게 자리를 잡는 계기도 만들었다. 지역을 볼모로 한 보스정치가 자리 잡음으로 줄서기 정치는 여야 모든 정당에서 일반화되었다.

재야인사들은 오래도록 독재에 항거했다. 연금도 감옥도 불사했다. 시민권에 제약을 받으면서도 독재권력에 맞서 투쟁했다. 이런 이력은 스스로 자부심과 긍지를 갖게 했다. 일제강점기 독립운동가들이 가졌던 긍지와 자부심과 같았다.

하지만 이런 투쟁 이력을 가진 인사들이 정치권에 입문하면서 정당의 보스에게 줄을 서야 했다. 그중 한 보스가 자신들이 투쟁으로 대항했던 군부 독재세력과 야합했다. 이 보스의 뒤를 따르면서도 부끄러움을 모른 것처럼 행동했다. '블랙 판타지'라는 가면극에 출연했던 배우였음을 인정한 것이다.

3당 합당은 또 소수 영남 야권 세력을 '탈레반 세력'으로 변모시켰다. 현재 '친노세력'이라고 부르는 세력이다. 이들은 김영삼이 군부 세력과 야합할 때 극도로 비판하며 따라가지 않았다. 하지만 불의에 동의하지 않은 이들의 진정성은 영남 지역 주민들로부터 인정받지 못했다.

그만큼 김영삼의 그늘이 깊었다. 김영삼이 여당으로 변하자 지역 표심도 여당으로 변했다. 정치인들의 '블랙 판타지' 가면극에 관객이 동요한 모양새였다. 그 힘에 밀려 김대중의 호남세력 지원 없이 이들은 의미있는 세력으로 잔존할 수 없었다. 이들이 탈레반 세력이 된 근원이다.

특히 영남출신 노무현의 집권은 김대중의 호남세력 지원이 없었다면 불가능했을 거라는 점에서 이들이 영남에서 자리 잡기는 더 힘들어졌다. 영남출신 대통령 5년으로도 김영삼의 아성을 깨지 못한 것이 그 증거다.

그러나 이들 친노 영남 야권이 김대중 이후 야권 주류임은 분명했다. 때문에 김대중 사(死)후 호남은 이들의 점령지 신세로 전락했다. 이를 탈피하기 위해 호남의 주인이라고 생각하는 김대중 세력은 영남 친노와 대립각을 세우고 있다. 이 현상은 지금도 극명하게 야권을 분열적 집단으로 보이게 하고 있다.

드러난 탐욕세력의 속살

이승만 박정희 전두환 노태우 김영삼... 이들이 정치를 '블랙 판타지'로 만들며 이 땅에 대통령이란 이름으로 한때 존재할 수 있었던 것은 유권자들이 이들의 탐욕을 용인했기 때문이라고 할 수 있다.

그래서 이들은 자신들이 가진 모든 권력을 향유하는데 조금도 망설임이 없었다. 또한 이들은 자신들의 필요에 의해 적대적 공생 관계의 적을 수시로 만들어 냈다.

6.29선언, 3당 합당… 6.29의 희생양은 5.17이며, 3당 합당의 희생양은 호남이다. 그랬음에도 이들은 김영삼의 국가경영 실패로 권력을 내놓아야 할 위기에 몰렸다.

그래서 또 다른 희생양이 필요했다. 그 희생양이 전두환, 노태우다. 이 세력은 자신들의 몫을 챙기는데 걸림돌이 되면 한때 우군이었거나 자신들의 주군이었더라도 가차 없이 죽일 수 있다는 그 증거가 지금 전두환과 노태우의 신세다.

하지만 50년은 짧은 세월이 아니었다. 또 국민이 대통령을 선출할 수 있는 권한을 가진 역사가 1997년이 되자 10년이 되었다. 이 시기는 이들 세력의 속살까지는 아니라도 피부 정도는 보게 했다. 그것만으로도 이들은 정권을 잃기에 충분했다.

그렇다면 정권을 잃은 5년이 이들에겐 성찰의 시간이었어야 했다. 하지만 그렇지 않았다. 온갖 수단과 방법을 동원, 잃은 것을 찾으려고만 했다. 그 끝이 차떼기였다. 삼성X파일 사건으로 드러난 추악한 권경유착이었다. 노무현 정권의 단 하나 소득이라면 이 세력의 추악한 속살을 국민들에게 알려준 것이다.

그런데 이렇게 더럽고 추악한 속살이 드러났음에도 저들과 반대편이었던 노무현 세력은 평가우위를 받지 못했다. 이들 세력의 간교한 우민화(愚民化) 때문이었다. 김대중의 '20억+알파'설, 김대중 비자금설, 김대중 정권 당시 호남의 영남약탈설, 국정원 영남인

맥 숙청설 등을 퍼뜨리며 지역갈등을 이용한 우민화 말이다.

저들은 정치, 경제, 언론 등 모든 권력의 향유를 위해 자신들에 반대하는 측의 수장을 무너뜨려야 했다. 그것이 김대중 격하작업이었다. 이를 위해 그동안 김대중 격하작업은 매우 다양하게 진행되었다. 가장 핵심적인 것이 '빨갱이 김대중론'이었다. 다음이 '더러운 김대중론'이다. 김대중 비자금설은 '더러운 김대중론'의 극치였다.

그래도 이들은 김대중을 무너뜨리지 못했다. 그런데 역설적으로 김대중을 무너뜨린 것은 노무현의 대북송금특검이었다. 6.15 정상회담의 역사적 의미가 '북에 퍼주고 산 정상회담'에서 '돈으로 산 노벨 평화상'으로 더럽혀질 수 있는 토대를 대북송금특검이 만들어 준 것이다. 이것이 노무현 정권의 가장 큰 실책이다.

이것으로 '정치는 더러운 것'이란 인식이 국민들에게 확실하게 심겨졌다. 이 성공은 저들에게 노무현 정권까지 죽일 수 있도록 했다. 차떼기와 삼성X파일 사건 등 탐욕세력의 속살이 적나라하게 드러났음에도 그들은 '노무현도 먹었다'는 이른바 보험설로 반전을 시도했다.

이 보험설은 결국 노무현의 측근 안희정 등이 소추되는 결과로 이어졌다. 그리고 '노무현도 다르지 않다'란 여론을 만드는데 성공했다. 김대중을 넘어뜨리고 노무현도 넘어뜨렸다. 노무현 세력이 제대로 이용을 당한 것이다.

50년을 탐욕적으로 끌어 모은 돈으로 정치권력은 물론, 검찰 언론 정보 등 국가 경영에 필요한 모든 것을 장악한 탐욕세력의 끈질김은 대단했다.

이 성공의 결과로 지금 국민들은 '정치인은 더러운 사람들' '정치인은 감옥 담장 위를 걷는 사람들'이라고 인식하고 있는 것이다.

그래서 이제 어떤 정치인이 금전적 비리로 소추되거나 또 다른 이유로 소추되어 감옥을 가더라도 국민들은 놀라지 않는다. '정치인이기 때문에...' '감옥 담장 위를 걷다가 발을 헛디뎌 감옥 안쪽으로 떨어진 것' 정도로 쉽게 생각하는 풍토가 만들어졌다.

여전한 적대적 공생

이 땅의 근대정치는 시작부터 적대적 공생관계였다. 이승만과 한민당, 자유당과 민주당, 공화당과 신민당, 민정당과 민한당 신민당 민주당, 민자당과 평민당, 한나라당과 국민회의, 현재 여야로 이어진 정치역사는 필요할 때 적이지만 필요할 때 또 우군이었다.

한민당 창당 주역인 김성수가 이승만을 대통령으로 옹립하고 부통령이 된 것부터가 시작이다. 성공한 민중혁명 4.19로 집권한 민주당이 자유당을 척결하지 못한 것도 마찬가지다. 그리고 급기야 민주당 정부를 전복하고 집권한 공화당에는 자유당 인사들 다수가 집권당 핵심이 되었고 민주당 인사들도 상당수 참여하면서 그들과 한 편이 되었다.

반면 공화당에 참여하지 않은 자유당계 인사들 다수는 또 야당인 민중당, 민주당, 국민의당에 참여했다. 3공화국에서 여야로 갈렸을 뿐, 이승만 당시 적이었다는 이미지는 쿠데타 이후에는 자신들 필요에 의해 없어져 버렸다. 이로써 이승만 독재세력 부역자들의 원죄는 여야 모두에서 자연스럽게 세탁되었다.

박정희가 저격되고 다시 12.12쿠데타를 통해 정권을 잡은 전두환 신군부가 창당한 민정당 창당의 주역은 김윤환, 박준규 등 박정희의 사람들이었다. 여기에 박정희 반대파였던 이재형, 채문식, 김정례 등이 가세했다. 유치송이 앞장선 민한당과 이만섭의 국민당 창당에는 안기부의 물밑 협조가 있었다는 의심을 받았다.

그러나 무엇보다도 정치권이 서로 상대를 이용했다는 것을 극명하게 보여 준 예는 3당 합당이었다. 어제까지 적으로 극력하게 대립하다 오늘 같은 정당을 할 수 있다는 것은 겉으로는 적이었을지언정 필요에 따라서는 서로 써 먹을 수 있는 관계였다는 의미다.

DJP연합, 이회창-조순의 연합 등도 권력을 향한 이합집산이 우선시됐다는 증거로 볼 수 있다. 이로 인해 국민에게 비춰진 정치권의 이념은 결국 권력 향유였다.

이들 정치권이 적대적 공생관계였음을 보여주는 사례는 이후로도 계속 이어졌다. 노무현과 정몽준의 연대와 연대 파기라든지 이후 정몽준의 한나라당 입당도 그렇다.

정몽준은 부친 정주영을 대통령으로 만들려다 실패했다. 이 실패로 인하여 받은 그의 부친 정주영의 고통과 현대그룹의 해체는 인간적으로 판단한다면 정몽준에게 김영삼 그룹이란 절대로 같이 할 수 없는 적대그룹일 것이다.

하지만 정몽준은 지금 그들과 한 정당을 하고, 그 정당의 유력한 차기 대선후보이자 서울시장 후보다. 정몽준에게 정치적 힘이 생기면 이전에 정주영을 죽이는데 동참했던 자도 참여하면서 정몽준 세력이 될 것이다. 이런 상황은 지금 새누리당과 민주당도 언제든 적이 될 수도 있고 우군이 될 수도 있다.

이인제가 이끌던 자유선진당이 한나라당이 변신한 새누리당과 합당했다. 이는 정치인들이 내세웠던 상표나 정책이 국민을 위한 것이 아니었음을 고백한 것이나 같다. 단지 끼리끼리 정치적 힘을 갖기 위한 이합집산이었을 뿐이다. 그러니 언제든 당을 바꿔서 선거에 출마해도 부끄럽지 않다.

어제 발표한 정책이 오늘 달라도 유권자는 이를 추궁하면서 책임을 묻지 않는다. 단지 자신이 사는 지역을 볼모로 한 정당이라면 그 정당 후보에게 투표한다. 이 투표행위가 무조건이다. 이 때문에 정치인은 유권자 눈치를 보는 것이 아니라 지역정당의 보스 눈치만 보게 된다. 그 폐해가 우리 정치 70년을 후진정치에서 벗어날 수 없도록 하고 있다. 70년 역사의 근현대정치는 한마디로 '블랙판타지' 가면극이었다.

그들만의 리그

이런 가면극은 지금도 공연되고 있다. 한국 정치의 가면극은 정치적 이합집산에서만이 아니라 국민들 민생과 관련된 모든 영역에서 다양한 연속극을 선보여 주고 있다. 일례로 밀양 송전탑 건설의 속살을 살펴보자. 고압 송전탑 건립을 두고 정부와 한전은 하루라도 빨리 송전탑을 세워야 원활한 전력을 공급하면서 여름과 겨울 전력난을 해소할 수 있을 것이라고 한다. 지역 주민들과 재야세력, 환경단체 등이 송전선로 지하화를 요구하고 있으나 한전은 예산과 시기의 촉박함 등을 들어 이들의 요구를 묵살하고 있다. 가면극이다.

2012년 지식경제부가 발표한 전력수급계획서를 보면 2012년 기준 설비 예비율 수치는 103.8이었다. 전 국민이 사용하는 전력 100개를 필요로 할 경우 예비전력을 포함 103.8개를 생산할 수 있다는 뜻이다. 그런데 이 수치는 무서운 사실을 내포하고 있다. 즉 우리는 언제나 블랙아웃의 위험한 폭탄을 안고 산다는 것이다.

그럼에도 정부나 언론은 이런 사실들은 도외시하고 국민들에게 전력난이 국민의 전력 과소비 때문인 것으로 호도하고 있다. 우리 국민들이 선진국이나 비슷한 경제력을 가진 나라의 국민들에 비해 전력을 과소비하고 있다는 것이다.

정부 발표 통계를 보면 언뜻 맞아 보인다. 정부가 발표한 우리나라 1인당 연간 전력 소비량은 9,510kWh다. 이에 비해 일본은 8,110kWh, 프랑스는 7,894kwh, 독일은 7,108kWh이다.

이것은 왜곡된 통계다. 실제 우리 국민의 가정용 전력 소비량은 2012년 기준으로 1,183kWh다. 이에 비해 일본은 2,246kWh, 프랑스 2,639kWh, 독일 1,700kWh다. 일본 프랑스에 비해 절반도 안되고, 독일보다 훨씬 적다. 그리고 실제 전력 소비량에서 가정용 전력으로 사용되는 소비치는 전체 전력의 18%밖에 안 된다.

그런데도 정부는 1인당 전력 소비량을 대기업 정부 공공기관

대기업 등 전국의 모든 기업까지 총망라한 전기 사용량을 국민 1인당 사용량으로 환산, 그걸 1인 평균사용량이라는 통계로 발표했다. 이런 왜곡 통계로 정부가 국민을 호도하는 것이다.

결국 현재 정부나 한전이 주장하는 '원활한 전력공급을 통한 전력난 해소'는 국민 전체와 상관없는 그들만의 논리라는 얘기다. 수년 동안 전력 수급에 대한 예측도 하지 못해 예비전력의 확보를 소홀이 했다가 발등에 불이 떨어지자 왜곡된 통계치를 제시하면서 정당성을 호도하고 있다.

작년에 전국을 시끄럽게 했던 진주의료원 폐쇄사태 당시 홍준표 경남도지사는 지방자치단체가 공공의료를 도외시한다는 지적에 대해 "공공의료는 박정희 대통령 때 의료보험이 도입되면서 출발한 좌파정책"이라고 했다. 자신의 행위를 정당화하기 위해 박정희가 좌파였다고 했다. 필요에 따라 박정희를 우파로도 좌파로도 변신시켰던 사례다.

홍준표 지사와 경쟁하는 같은 당의 박완수 전 창원시장은 도지사 선거에 출마하면서 진주의료원 재개원을 공약하고, 현재 전국 지방자치단체에서 운영 중인 지방의료원이 탈없이 운영되고 있는 것만 봐도 홍 지사의 주장은 옹색하기 짝이 없다.

오세훈 전 서울시장은 무상급식 주민투표라는 승부수를 던지면서 '무상급식은 좌파정책'이므로 주민투표를 좌파와의 전쟁이라고 했다. 그러나 박근혜 대통령은 대통령 선거 때 무상급식이 좋은 정책이라고 했다. 권력자의 자리에 오르기 위한 표를 위해서였다.

무상보육, 반값등록금, 기초노령연금, 4대 중증질환 국가보장, 비정규직 양성화, 일자리 양산을 위한 중소기업 살리기, 하우스푸어 문제 해결... 국민들의 입맛에 맞는 공약들을 개발하고 계층에 따라 맞춤공약을 남발했다.

그러나 선거가 끝나자 돌변했다. 예산, 좌파, 증세, 이렇게 다투다가 다른 이슈를 만들어서 슬그머니 한 발 물러나 버렸다. 그리고 언론은 정치권이 제기하는 다른 이슈를 따라가느라 이제 공약들에 대해 어떤 추궁도 추적도 하지 않는다.

기초단체장과 기초의원 정당공천제 폐지, 현 대통령인 박근혜가 대통령 선거공약으로 약속했다. 그런데 그를 대통령으로 만든 여당이 반대하고 있다. 야당은 공약을 지키라고 추궁하는 것 같지만 실제 야당 통합이 이뤄지기 전 민주당도 다수의 지역위원장들이 현실적 이유를 들어 기초단체장과 기초의원의 정당공천을 지지했다.

정당의 존재의의인 헌법정신이 맞다는 주장이지만 실상은 자신들이 장악한 지방 시군구의 공무원 인사행정권과 재정권을 내놓고 싶지 않기 때문이다. 이 하나만으로도 이들의 적대적 공생관계는 증명된다.

2부

성공에서 배우는 진정성과 집념

서장

1987년 민중항쟁으로 제정된 대통령 직선제를 골자로 한 민주
헌법 체제가 이 땅 정치체제로 자리를 잡은 지 26년이 되었다.
현 박근혜 대통령은 87체제 헌법인 5년 단임 대통령제 하 6번째로
국민 직선에 의해 당선된 대통령이다.

그러나 지난 26년의 우리 정치를 좋은 정치, 잘한 정치라고
평가하는 국민은 찾아보기 드물다. 따라서 매번 대통령 선거를
앞두고 새로운 정치를 주장하는 사람이 등장했다. 그들이 들고
나온 구호는 '구태정치 타파'였으며 '새로운 정치, 좋은 정치를 하
겠다'였다. '화이트 판타지'를 향한 약속이었다. 그러나 그들 또한
자신들을 위한 또 다른 '블랙 판타지' 가면극을 공연했다.

결국 우리 국민은 아직 흡족한 정치 현상을 경험하지 못하고
있다. 경험하지 못한 것만 아니라 갈수록 정치는 퇴보하고 있다.
정치로 인한 지역 갈등은 파국으로 치닫고 있으며, 좌우 이념 갈등
현상이 특정지역 차별로 이어지고 있다.

분배가 왜곡되어 경제적 격차에 따른 신분사회는 어느덧 왕족

사대부 양반 중인 노비 상놈으로 분류되었던 조선시대와 같은 뚜렷한 계급별 차이가 생겨나고 있다.

앞으로 이 상황이 지속된다면 이런 불화 현상은 나라를 망하게 할 수도 있다. 그것을 해결하는 길은 정치가 '블랙 판타지' 가면극을 끝내고 진정한 민중을 위한 정치로 정상화되는 것뿐이다. 그렇다면 87체제 후 '새정치'를 향한 시도로는 어떤 일들이 있었을까? 그리고 그들은 왜 실패했을까? 아래 그 5가지 사례를 적시한다.

1.

1987년 체제 후 첫 직선 대통령 임기 말인 1991년, 당시 국내 최대 재벌그룹 회장인 정주영이 현실정치에 입문했다. 당시의 정치 여건이 그를 정치로 불러낸 것이다.

당시는 3당 합당 후 김영삼이 민자당 최고 권력자가 되는 과정에서 거대 집권여당이 극심한 내분을 치렀다. 이 내분을 통해 대구 경북을 정치적 고향으로 한 군부세력은 민자당 비주류로 밀려 나거나 아예 탈당해 야인으로 있었다.

야권 또한 마찬가지였다. 김대중과 이기택이 공동대표로 이끄는 통합야당에 반감을 가진 세력들이 여야 모두를 비토하며 중간층으로 있었다.

이런 가운데 사회 현상은 87체제 후 급격하게 민도가 높아진 관계로 노동자들의 권리 찾기에 이어 아파트 광풍이 불면서 전체 국민에게 '부자 되는 게 꿈'인 세상으로 변해 갔다. 국내 최대의 재벌 회장 정주영은 이 틈을 파고들었다.

그러나 정주영은 박정희와 전두환이 이끌던 권위주의 독재정권에 협조하면서 경제적 수혜자가 된 사람이었다. 그리고 그 수혜의 폭이 커지면서 권력과 야합, 일반 서민들에겐 경제적 약탈자로 보이는 입장에 있었다. 결국 그런 야합의 과정을 민주화된 국회의 청문회장에 불려 나와 증언하는 증인이 되어야 했다.

정주영은 이 청문회에서 창피를 당한 것이 못내 분했다. 이 울분을 자신이 직접 정치 권력자가 되는 것으로 풀려고 했다.

이런 목적을 감춘 정주영은 '정치 싸움이 아닌 경제 우선'을 들고 나왔다. 이를 당시의 시대정신인 아파트 광풍과 연결했다. 그래서 나온 공약이 '반값아파트' 공약이었다.

기존 정치에 실망한 상당수 국민들이 환호했다. 이들 국민은 급조된 정당, 통일국민당을 원내 제3당으로 만들어 줬다. 1992년 14대 총선에서 35석을 얻을 수 있도록 한 것이다. 이 여세를 몰아 정주영은 대통령 후보로 출마했다. 그리고 대선 유세 중 87체제를 만든 주역 김영삼과 김대중을 구태정치인으로 몰았다.

때맞춰 단신으로 대선에 출마했던 박찬종도 '3김 청산' 구호로 양김을 구태정치인으로 몰았다. 이 시대정신에 맞물린 정주영의 시도는 성공하는 것 같았다. 특히 반값아파트 공약은 정주영이 현대건설 창업자이며 아파트 광풍의 진원지였다는 이미지와 겹쳐 국민들에게 희망도 줬다.

그러나 정주영은 실패했다. 당시 정치권을 양분하고 있던 민자당과 민주당의 지역 장악이 강고한데다, 반값아파트 공약 자체의 신빙성을 국민들이 의심한 결과였다. 바람은 상당했으나 정주영은 대선에서 388만 여 표를 획득하는 3위를 하며 낙선했다. 하지만 낙선이 문제가 아니었다.

정치인이 선거에서 실패할 확률은 성공할 확률보다 훨씬 높다. 실패 후가 더 문제다. 자신의 신념과 진실성이 공약으로 나타났다면 한 번의 실패로 그것을 포기할 수 없다. 김대중이 무려 4번의 대선에 후보로 나온 것은 그만큼 자신의 정치와 정책에 스스로의 믿음이 있었기 때문이다. 김대중은 자신이 꾸는 꿈으로 나라를 경영해 보려는 신념이 강했다는 뜻이다.

정주영은 그렇지 않았다. 자신이 직접 창당하고 그 당 이름으로 공천하여 국회의원에 당선된 의원이 35명이나 있었음에도, 대통령이 된 김영삼의 현대그룹 압박을 이겨내지 못하고 정계를 은퇴하면서 당을 해체 지경으로 몰아 버렸다.

이는 정주영의 정치입문과 대선출마가 국민을 우선으로 하지 않고 자신의 기업을 우선시했음을 증명한다. 새로움으로 포장한 자기 우선은 이렇게 실패했다.

2.

1992년 대통령 후보는 김영삼, 김대중이란 양김 외에 정주영과 또 다른 새로움의 주창자인 박찬종이 있었다. 정주영의 구호는 반값아파트, 박찬종의 구호는 3김 청산이었다.

정치입문 전 박찬종은 고시3과를 패스한 천재검사로 불렸다. 박정희는 그를 김영삼 의원 저격수로 영입했다. 박찬종은 1971년 총선에서 박정희의 비호를 받으며 김영삼 지역구인 부산 서구에 출마했으나 낙선했다.

그는 10월 유신 후 73년 선거에서 다시 공화당후보로 출마했다. 1구 2인 당선의 제도 덕분에 김영삼에 이은 2위로 당선된 뒤 1979년 재선되었으나 10.26으로 박정희가 사망했다.

이후 박찬종은 공화당 정풍운동에 나섰다. 박정희 그늘에서 호가호위한 정치호족과 불법적인 재물을 축적한 정치인을 정계에서 축출해야 한다고 공개적으로 주장했다. 하지만 박정희 사후 공화당 총재가 된 김종필에 의해 공화당에서 제명되었다.

곧바로 전두환 쿠데타가 성공했고 전두환 군부는 구정치를 철폐한다며 구정치인들을 정치규제자로 묶었다. 박찬종도 정치규제자가 되었다.

1984년 정치규제에서 풀린 박찬종은 야당에 가담했다. 그리고 김영삼이 정치규제로 출마하지 못한 부산 서구에 신한민주당 공천을 받아 출마하여 당선되었다.

1987년 신군부가 민중혁명에 항복, 대통령 직선제를 받아들었다. 김영삼 김대중이 분열했다. 박찬종은 양 진영 어디에도 가담하지 않고 단일후보 노선에 섰다.

대선에서 노태우가 이겼다. 박찬종은 이때부터 양김 퇴진 운동의 길로 나섰다. 88년 총선에서 서울 서초로 지역구를 옮겨 무소속으로 출마, 압도적으로 당선되면서 '3김 퇴진'의 선두주자가 되었다.

3당 합당 후에는 이기택, 노무현 등과 무소속 이철 등에 합세, 꼬마민주당을 함께 했다. 하지만 꼬마민주당이 김대중의 신민주연합당과 합당하자 박찬종은 여기서 이탈했다. 신정치개혁당을 혼자서 꾸려 대통령 후보로 출마했다.

부패척결, 정치자금 투명화, 무균질 정치라는 깨끗한 이미지와 지역을 볼모로 한 보스에게 줄서지 않은 이미지로 승부를 걸었다. 바바리코트 하나로 선거를 치렀다. 그러나 김영삼, 김대중, 정주영에 이어 4위로 낙선했다.

이때 박찬종은 151만여 표를 얻었다. 혼자 힘으로 그만한 득표를 한 것은 당시의 국민 중 상당한 새정치 희구세력이 있었다는 증거다.

정주영의 388만여 표와 박찬종의 151만여 표를 합하면 540만에 가까운 표가 된다. 대통령 당선자인 김영삼이 얻는 997만 여 표의 55%에 이르는 수였다. 참고로 당시 2위 낙선자인 김대중은 804만여 표를 얻었다.

그러나 이런 상당한 수치의 새정치 희구세력은 정주영의 정계은퇴와 박찬종의 신한국당(민자당의 후신) 귀의로 다시 새로운 영웅을 찾아 부유하게 된다. 그 실증은 또 1997년 대선에서 이인제로 향한 표가 나타낸다.

3.

대통령 직선제 하 두 명의 대통령 임기가 끝나가는 1997년 대선, 기성 정치권에 눈을 주지 않은 유권자들은 이인제에게로 향했다.

이인제는 운동권 출신으로 사시에 합격하고 판사로 재직했던 법조인 출신 정치인이다. 판사를 그만두고 변호사 생활을 할 때 그는 노동자 권익을 변호하는 인권변호사였다. 인권변호사로 1987년 6월 항쟁에도 참여했다. 이런 경력 때문에 김영삼에게 발탁되어 통일민주당 산하 통일민주연구소에서 일했다.

1988년 13대 총선 당시 통일민주당 공천을 받아 경기도 안양에서 출마, 당선되었다. 초선의 이인제는 노무현 이상수와 함께 국회 환노위 3인방으로 불리며 노동자 권익을 위해 맹활약했다. 이런 활약은 5공 특위 청문회와 광주특위 청문회로 이어졌다. 그래서 노무현에 버금가는 청문회의 또 다른 스타였다.

이인제는 김영삼의 3당 합당에 동참했다. 그의 진실성과 진정성은 여기서부터 의심할 수 있다. 그러나 당시 동참자는 59명 통일민주당 의원들 중 노무현 등 5명을 제외한 전부였으므로 딱히 이인제의 동참에 문제의식을 가질 유권자는 없었다.

대통령이 된 김영삼은 1992년 총선에서 재선된 이인제를 첫 노동부장관으로 발탁했다. 여세를 몰아 1995년 6월 실시된 지방자치제에서 경기도지사 후보로 출마, 당선되었다. 정치권 입문 10년도 안 돼 일약 대선주자 급으로 성장한 것이다.

1996년 총선을 앞두고 대통령 김영삼은 아들인 김현철 비리 때문에 사면초가에 빠졌다. 그러자 김영삼은 자신이 한때 총리로 기용했으나 인사권과 총리 고유권한에 대한 문제에서 반기를 들고 총리직을 내던진 이회창을 대선후보로 영입했다.

또 3김 청산의 아이콘인 박찬종도 영입했다. 민자당은 당명도 신한국당으로 바꿨다. 그리고 대통령 선거 바람몰이를 위해 진여권 언론을 동원, 총선흥행을 부추겼다. '블랙 판타지' 공연의 연장이었다.

이 가면극에 속은 국민들은 신한국당을 원내 1당으로 만들어 줬다. 그러나 과반은 달성하지 못했다. 사실상 패배한 선거였다. 김영삼은 권력을 이용, 무소속 당선자들을 끌어들였다. 그리고 억지로 과반을 만들었다.

1997년 대선, 언론을 통해 '신한국당 9룡'이란 말이 회자되었다. 이회창, 박찬종, 이홍구, 이수성, 이한동, 김윤환, 최병렬, 김덕룡, 여기에 당당히 현직 경기도지사 이인제가 포함된 9명의 예비후보였다.

처음엔 이회창과 박찬종의 대결로 보였다. 그러나 초반 이회창의 압도적 우세에 우여곡절을 겪던 박찬종은 탈락했고 갑자기 이인제가 급속히 부상했다. 김영삼이 자신에게 반기를 들었던 이회창을 견제하기 위해 이인제를 간접 지원한다는 뉴스와 함께였다.

경선 1차 투표에서 이회창은 과반 미달, 2위는 14.7%를 얻은 이인제였다. 하지만 둘의 결선투표 결과는 이회창의 완승이었다.

이회창은 이 승리의 기세를 몰아 지지율 50%를 능가하는 막강한 후보가 되었다. 그러나 곧바로 악재가 터졌다. 아들들의 병역비리 의혹이었다. 이회창의 지지율이 출렁거렸다. 이인제가 대안으로 급부상했다.

이회창 지지율은 20%대로 떨어진 반면, 경선 탈락자인 이인제의 지지율이 30%대를 기록했다. 당은 후보 교체 바람이 불었다. 이인제는 밖에서 세대교체를 주장했다.

이윽고 이인제는 겉으로 반대하는 김영삼의 만류를 물리치고 탈당, 독자신당인 국민신당을 꾸려 대선에 출마했다. 그리고 완주했으며 급조된 신당 후보임에도 500만 표에 가까운 492만여 표를 얻으며 3위로 낙선했다.

이인제도 대통령으로 출마했을 때; '새로운 정치'를 주장했다. 아들의 병역비리가 드러난 이회창을 질타하고, 권력욕에 사로잡혀 대선 4수에 나선 김대중을 '대통령병 환자'라고까지 비난하면서 3김 청산을 말했다. 그의 당명인 국민신당은 국민이 주인이 나라를 만들겠다는 것이었다. 이런 이인제에게 500만에 가까운 유권자가 표를 던졌다.

당시 당선자인 김대중은 1,032만여 표, 2위인 이회창은 993만여 표였다. 그리고 이들 외에 국민승리21 후보로 출마한 권영길 후보가 30만여 표를 얻었으므로 기존 여당과 야당을 지지하지 않고 새로운 세력의 희구하는 유권자는 1992년과 비슷한 520만여 표나 되었다.

87체제 후 3회째 치른 대통령 선거에서도 520만여 유권자가 새로운 '영웅'을 찾았다는 증거다. 그러나 이인제는 실패했다. 더 많은 2,000만 유권자에게 진정성과 진실성을 의심받은 결과다.

4.

이런 현상은 5년 후에 다시 나타났다. 2002년 대선에서 기성정당인 한나라당과 민주당은 이회창과 노무현을 후보로 냈다. 그러나 양측 후보 모두 극심한 부침 현상을 겪었다.

이회창은 5년 전 발목을 잡았던 아들들의 병역비리에다 며느리의 원정출산 의혹까지 겹쳤으며, 노무현은 당시 대통령이던 김대중의 세 아들 비리가 발목을 잡았다.

이는 하나같이 권력자들이 자기 관리도 못했으며 가족 관리도 되지 않았다는 것으로 국민들에게 기성 정치권에 환멸을 느끼게 하는 요소였다. 결국 국민들은 또 새정치와 새인물을 희구했다. 이번엔 그 대상이 정몽준이었다.

당시 정몽준은 아버지 정주영의 후광이긴 하나 이미 1988년 선거에서 울산을 지역구로 무소속 출마, 당선되어 내리 4선을 한 중진 의원이었다.

거기다 대한축구협회 회장으로 2002년 한 · 일월드컵을 성공리에 치러낸 것을 국민들이 인정했다. 국내 최대의 선박 제조회사인 현대중공업 대주주인 그의 자금력은 국민들에게 부패정치인 이미지를 받지 않게 했다.

전두환 노태우의 천문학적 부정, 한보그룹 비리로 불거진 김영삼의 측근과 아들 김현철 비리, 검찰총장 부인의 재벌그룹 사모님과 얽힌 밍크코트 로비 비리에다 김대중 아들 3형제의 비리, 대우그룹 부도로 드러난 김우중 대우그룹 회장의 비리...

87체제 후 드러나기 시작한 실력자들의 돈에 얽힌 비리는 말 그대로 부패의 온상이 정치임을 실감케 했다. 그러나 정몽준은 이런 비리에 얽힌 추문이 없었다. 월드컵의 성공과 함께 정몽준이 각광을 받은 이유다.

새천년민주당 노무현 후보가 경선흥행을 딛고 얻었던 인기가 빠지면서 여론은 정몽준을 불렀다. 후보출마도 하지 않은 정몽준의 지지도가 30%대를 넘나들었다. 이런 지지를 안고 정몽준이 신당을 창당하며 대선에 뛰어들었다. 그러나 그는 막판 힘이 부침을 알고 노무현과 여론조사 단일화란 방식으로 단일후보 경선을 치른 뒤 패하면서 출마를 접었다.

5.

2007년과 2012년 대선도 이런 바람은 어김없이 불었다. 2002년부터 집권한 노무현과 열린우리당은 집권 후 얼마 되지 않아 국민들의 지탄을 받았다. 집권 시 열광적 환호를 받았던 대통령 노무현은 임기 마지막 해는 거의 식물 대통령이었다. 세간에는 '이 모든 게 다 노무현 때문이야'란 말이 유행어가 되어있었다.

2007년 대선을 앞두고 집권여당 열린우리당은 요동쳤다. 탈당 바람이 불었으며 탈당파들은 신당 창당으로 난국을 돌파하려 했다.

이 때 문국현이 등장했다. 새로움을 원하던 유권자들은 기업인임에도 환경운동가로 더 알려진 유한킴벌리 대표인 문국현을 불러낸 것이다.

하지만 문국현은 실상 정주영, 이인제를 불러냈던 중간층 유권자가 희망하는 후보가 아니었다. 이는 대선에 완주했음에도 150만여 표를 획득하는데 그친 것으로 나타났다. 대신 새로움을 원했던 많은 유권자들은 기권했다.

이런 상황은 이회창에게 다시 기회를 줬다. 치열한 예선전 끝에 한나라당 대통령 후보가 된 이명박에 대한 불신 때문이기도 했다.

당시 야당 한나라당은 이명박과 박근혜의 치열한 예선전 앙금 때문에 진영이 둘로 갈라진 것으로 보일 정도로 심한 내상을 입었다. 이명박의 전과 등에 대해서도 유권자들 사이에서 많은 말들이 돌았다. 이 틈을 이용, 이미 두 번의 대선에서 낙선하고 정계에서 은퇴한 것으로 보였던 이회창이 나선 것이다.

결과는 1992년과 1997년의 상황과 비슷했다. 많은 이들이 기권했음에도 3위로 낙선한 이회창은 355만여 표, 4위를 한 문국현은 137만여 표, 5위 권영길은 71만여 표를 얻었다. 이 유권자의 합은 563만여 명이었다.

당선자인 이명박은 1,149만여 표, 2위 정동영 후보는 617만여 표였다. 직선제 대통령 선거사상 가장 낮은 투표율인 63%를 기록, 역대 가장 낮은 투표율이었음에도 새로움을 주장한 측은 기성 정당 후보에게 던진 1,800만 유권자의 30%에 미치지 못한 563만여 명이었다. 새로움이 기존을 넘을 수 없었던 것은 이전과 마찬가지로 주장하는 후보들의 진정성과 진실성 결여였다.

이상의 사례에서 보듯 우리나라 국민은 기성정당이 지금까지 해 온 정치를 불신하는 층이 최소 평균 500만 명이다. 이들이 새정치 희구세력이다.

그렇다면 지금은 어떨까? 지금도 비슷하다. 지난 대선에서 낙선한 문재인 후보는 1,500만에 가까운 표를 받았다. 지난 2012년 대선에서 안철수를 희구했던 유권자는 실상 대선이 목전에 이를 때까지 제1야당 후보인 문재인의 여론 지지도를 능가했다.

그러나 안철수가 완주 했더라도 조직력에서 밀리고 실제 투표장에서 할 수 없이 제1야당 후보를 찍는 습성을 가진 유권자들의 벽에 밀려 3위 낙선을 했을 것이다.

이를 실감한 안철수가 후보를 문재인 후보 지지를 선언하며 사퇴했다. 선거는 여야 후보 1대 1 대결로 끝까지 초박빙이었다. 기성 야당 지지성향 1,000만에 500만 새정치 희구세력이 가세한 때문이었다. 이 박빙 선거전에서 조직이 강한 박근혜 후보가 승리했다.

여기서 음미해야 할 것도 진정성과 진실성이다. 당시 문재인이 안철수 현상을 일으킨 새정치 희구세력 전체에게 진정성과 진실성을 안정받았다면 승리할 수 있었다.

그러나 선거전이 진행되는 동안 단일화 줄다리기에서 문재인 측은 안철수 희구세력에게 진정정 진실성에서 합격점을 받지 못했다. 때문에 그 세력 전체를 흡입하지 못했다. 그것이 패배의 원인이다.

이제 우리는 정치인이 내건 구호와 정책에 대한 진실성과 진정성 그리고 집념과 추진력은 어떻게 유권자에게 각인되며, 선거에서 승리하는지 그 사례들을 살펴 길을 찾아야 한다.

1장. 레이건, 부시, 문재인, 클린턴이 주는 교훈

레이건, '강한 미국'으로 유권자를 잡다

케네디 등장 이후 집권하지 못하던 미국 공화당은 1968년 닉슨을 후보로 내세워 민주당 험프리 후보를 누르고 집권했다. 하지만 1972년 연임에 성공했던 닉슨이 워터게이트 사건으로 재선 임기 2년 만에 중도 하차했다.

1974년, 부통령 포드가 선거 없이 대통령직을 승계했다. 승계 후 포드는 1978년까지 임기가 보장되었다. 하지만 미국의 유권자들은 이미 이런 공화당에 식상해 있었다.

그때 민주당 후보로 나타난 사람이 조지아 땅콩 농부 카터였다. 카터는 권위주의와 거짓말에 식상한 미국인들에게 도덕주의 정치를 내걸었다. 그리고 이 선거 전략으로 현역인 포드를 물리쳤다.

하지만 카터가 주장한 도덕주의가 사람들의 배를 불려주지 않는다는 것을 미국인들은 바로 알아 버렸다. 결국 카터의 도덕 인권정치라는 환상은 4년으로 만족해야 했다.

때문에 카터는 2차 대전 종전 후 선거로 뽑힌 대통령 중 조지 부시(아버지 부시)와 함께 유이한 단임 대통령으로 남았다. 카터의 전임 대통령인 포드도 단임이긴 마찬가지지만 포드는 선거에 의해 당선된 대통령이 아니다.

미국 공화당은 미국 제일주의와 경제 부흥을 주장한 레이건을 내세워 집권했다. 그리고 레이건은 임기 중 경제 재건을 위해 부자 감세와 기업 프렌들리 정책이 주축인 레이거노믹스를 강력하게 추진하면서 재선에 성공했다. 특히 자신의 재선만 성공한 것이 아니라 공화당 정권을 연장시키는 업적도 남겼다. 그래서 레이건 임기 8년과 후임으로 당선된 부시의 임기 4년까지 12년간 공화당은 집권당이었다.

이는 누가 뭐래도 레이건의 업적이다. 전임 카터와는 다르게 강한 미국, 부강한 미국을 주장, 경제제일주의 정책으로 미국을 이끈 레이건을 미국인들이 인정한 것이다.

부시, '강한 미국'으로 연임에 실패하다

레이건의 후임자인 부시도 '강한 미국'을 주장했다. 레이건의 후광은 부시를 대통령으로 당선시켰다. 그러나 부시의 '강한 미국'은 미국인이 원하는 것과 달랐다. 부시의 '강한 미국'은 전쟁불사였기 때문이다.

레이건의 '강한 미국'은 경제적으로 부강한 나라, 경제력으로 세계를 지배하는 나라였다. 이는 미국인들에게 경제적 부유를 약속한 것이다. 그리고 레이건은 이를 착실히 이행했다. 레이건 임기 중 미국은 경제 호황기를 누렸다.

부시 1세는 레이건 같은 경제적 식견이 확고한 정치가가 아니었다. 그러니 부시가 할 수 있는 것은 '강한 미국'이란 안보정치 외에는 없었다.

대통령에 당선된 부시는 레이건이 붐업시킨 경제 지표만 믿고 '강한 미국'을 향한 안보정책으로 일관했다. 대통령에 취임한 직후, 1989년 12월 파나마를 침공, 이틀 만에 점령하는 등 전쟁으로 시작했다.

파나마 침공 1년도 안 되어 또 걸프전을 치렀다. 걸프전은 1990년 8월 2일 시작되어 1991년 2월 28일 종료되었다. 임기 시작부터 종료까지 미국을 전쟁으로만 이끌었다고 해도 과언이 아니다.

걸프전은 물론 미국의 완승이었다. 부시는 '강한 미국'을 대내외에 과시했다. 하지만 걸프전이 일어나던 시기는 지구촌이 냉전을 끝내고 화해무드에 있던 시기였다.

1989년 동유럽 혁명이 발발, 동유럽 공산권이 붕괴되었으며, 동서 냉전을 종식시킨다는 선언을 이끌어 낸 몰타회담도 있었다. 더구나 걸프전이 벌어진 2개월 전인 1990년 10월 3일, 베를린 장벽이 무너지면서 동독과 서독이 통일을 완성했다.

이런 화해무드에 우리나라도 예외가 아니어서 당시 노태우 대통령은 북방정책을 과감하게 추진하여 소련, 중국 등과 수교하기도 했다. 물론 엄격히 보면 걸프전은 이라크가 쿠웨이트를 무력 침공하면서 벌어진 일이니까 부시가 도발한 것은 아니다. 그러나 부시는 자신의 안보정책의 당위성을 걸프전 승리로 찾겠다는 야심으로 이 전쟁에 모든 것을 쏟아 부었다.

당시 미국이 동원한 전력만 살펴도 이런 부시의 야심은 쉽게 알 수 있다. 6척의 항공모함, 46만 명의 병력, 1,300대의 최신 전투기... 이 막강한 전력으로 일명 '사막의 폭풍작전'을 개시, 이라크를 초토화시켰다. 사담 후세인은 이 물량공세를 이기지 못하고 전쟁 발발 42일 만에 손을 들었고 부시가 받아들이면서 이 전쟁은 끝났다.

그렇지만 부시가 얻은 것은 없다. 부시의 '강한 미국'은 지구촌 전체에 흐르는 냉전 종식 기운에 묻혔고, 부시는 4년의 임기로 만족해야 했다.

문재인의 실패작 "사람만이 희망이다"

여기서 지난 대선에서 낙선한 문재인을 살펴보면 묘한 함수관계가 발견된다. 실용주의, 기업 프렌들리, 강한 한국. 전임 이명박 대통령은 이것들을 주장하면서 대선에서 승리했고 5년을 이런 기조에서 이끌었다. 하지만 이명박 5년에 대한 국민들의 평가는 좋지 않았다. 2010년 지방선거에서 야권은 완승했으며, 이 여세를 몰아 2012년 총선과 대선도 야권이 완승할 것으로 거의 모든 전문가들이 예측했다.

그러나 야권은 총선도 실패했고 야권 단일후보였던 문재인은 대선에서 실패했다. 이 실패의 과정을 복기하면 레이건과 부시,

부시와 클린턴의 사례가 오버랩된다.

쿠데타로 집권한 박정희와 전두환은 강한 카리스마로 민권을 억누르며 경제 부흥이 최선임을 국정 모토로 했다. 민중은 이에 대항, 서울의 봄과 6월 항쟁을 일으켰다.

이 권위주의 시대 대통령 이후 선거로 정권을 잡은 노태우는 선거 구호로 '보통 사람'을 내세웠다. 국민이 전임자인 박정희와 전두환의 그늘에 젖어 강한 대통령을 비토하고 있음을 노태우 캠프가 먼저 알고 있었다는 것이다.

그들의 작전은 성공했고 노태우는 집권했다. 그러나 임기 5년은 결국 '나약함'으로 귀결됐다. 경제와 북방외교로 상당한 공적을 쌓았음에도 유약해 보였던 노태우의 이미지는 벗지 못했다. 그 후임으로 나선 김영삼의 깃발은 '강함'이었다. 그리고 대통령에 당선되었다. 하지만 강함만 추구하다 경제를 망쳤으며 나라를 부도 위기로 끌고 갔다.

그래서 국민은 '준비된 대통령'이란 구호를 내건 김대중을 선택했다. 망해가는 나라의 경제를 '준비된 대통령'이 살려낼 것이라는 믿음 때문이었다. 이 믿음을 배반하지 않은 김대중 대통령은 IMF 조기졸업이라는 경제적 업적과 남북정상회담에 이은 6.15공동선 언이란 한반도 평화정책 성공 등의 업적을 남겼다.

하지만 김대중도 임기 말의 대통령 친인척 부정부패, 경제정책에 대한 다른 평가, 남북화해정책에 대한 다른 평가를 하는 야당의 거센 도전을 받았다. 그래도 국민들은 이회창보다 김대중 후임자로 노무현을 선택했다.

경제를 말하지만 재벌경제, 평화를 말하지만 대북강경책이 예상되는 이회창보다 그나마 김대중의 경제정책과 남북화해정책을 승계할 것으로 보이는 노무현이 선택된 것이다.

이 선택은 잘못된 선택이 아니었다. 하지만 도덕정치를 내건 카터와 마찬가지로 권력 유연화와 민권 강화를 내건 노무현의 정치는 2년도 안 되어 국민들을 식상하게 했다. 그래서 경제 부흥을 내건 이명박의 압도적 당선은 이미 예견된 것이나 마찬가지였다.

이로 보면 지난 대선은 현 야당 측으로 보면 너무도 아쉬운 선거였다. 문재인의 '사람만이 희망이다'는 노무현의 민권강화 정치와 전혀 다르지 않았기 때문이다.

반대로 박근혜는 경제를 일으킨 박정희 딸이라는 박정희 향수 하나로 경제를 말했다. 기대했던 이명박 5년이었으나 경제 부흥에 성공하지 못하므로 경제 부흥에 대한 유권자의 열망은 채워지지 않았다는 것을 박근혜 캠프가 안 것이다.

이명박 5년으로 채워지지 않은 경제적 부유에 대한 욕구 때문에 국민들에게 경제 드라이브에 대한 식상함은 없었다.

그러함에도 야당 후보는 다시 민권 강화를 외쳤다. 다수 국민이 그 후보를 선택하지 않은 것은 어쩌면 당연한 귀결이었다. 야당의 선거 정략이 실패한 것이다.

제3의 길 클린턴, "문제는 경제야 멍청아"

반면 클린턴은 달랐다. 클린턴은 1992년 선거에서 현직 대통령인 부시를 상대로 대선 캠페인 문구를 "문제는 경제야, 멍청아!(It's the economy, stupid!)"로 내걸었다. 부시로선 대적할 구호도 찾지 못했다.

이 선거에서 클린턴은 불경기에 대한 이슈를 집중 제기했다. 클린턴의 주장인 '새로운 민주당(New Democrat)'은 정책적으로 진보정당임에도 북미자유무역협정과 복지제도 개혁이라는 중도주의 제3의 길을 들고 나왔다.

미국인들은 다시 경제 의제를 제기한 클린턴에게 환호했다. 공화당에 비해 상대적 진보정당으로 평가되는 민주당 후보임에도 기업들까지 경제를 모토로 한 클린턴에게 기울었다. 당연히 당선자는 클린턴이었다.

선거에서 이긴 클린턴은 취임하자마자 공약대로 연방공무원 10만 명 감축 지시를 내렸다. 경제 부흥을 위한 예산 감축 방식을 공무원 감축으로 시작한 것이다.

클린턴의 이런 정책은 '정보기술을 통한 정부 재구축' 프로그램을 완성하는 행정 개혁으로 공무원을 30만 명 이상 감축하는 성과를 거뒀다. 클린턴이 재임하는 1990년대 미국은 연속적인 경제 호황을 이룰 수 있었다.

클린턴 행정부 당시 미국의 경영 예산과에 따르면, 1991년 4월에서부터 이 경제 호황은 시작된 것으로 나온다. 그리고 클린턴은 미국 역사상 가장 긴 평화로운 경제적 확장 기간이 된 경제적 확장의 지속을 이끈 것으로 평가되고 있다. 2000년 연방의회 예산국은 클린턴의 재임 기간 예산이 흑자였다고 보고했다.

백악관 내에서 여비서와 통정한 것이 들통난 일명 르윈스키 사건을 겪었음에도 미국 유권자들은 이런 윤리적 일탈에 대해 크게 질책하지 않았다. 그것이 대통령 재선으로 나타난 것이다. 국민들에게 밥은 그만큼 큰 임팩트가 있다.

이런 역사는 결국 미국이나 한국이나 투표로 권력을 선택하는 유권자들의 욕망은 유사하다는 것을 알 수 있게 한다. 권력에 대한 반작용은 필연적으로 따른다는 것이다. 때문에 나라의 통치를 준비하는 정치지도자는 필연적으로 클린턴을 공부해야 할 필요가 있다.

박근혜 대통령은 지금 부시의 길을 가고 있다. '강한 한국'을 통한 지지세력 공고화, 여기서 필연적으로 따르는 이념적 편 가르기… 이런 통치기법은 곧 국민들을 식상하게 할 것이다. 같은 이념의 이명박 5년과 박근혜 5년은 너무 길기 때문이다.

박근혜 이후를 준비하는 정치인은 이에 대한 대비를 철저하게 해야 한다. 정치보다는 경제, 독재 대 반독재, 민주 대 반민주보다는 민생, 반북보다는 평화를 통한 경제 부흥, 클린턴처럼 "문제는 경제야, 멍청아!(It's the economy, stupid!)"가 필요하다.

경제는 경제 혼자서 갈 수 없다. 정치가 견인해야 한다. 경제가 밥그릇을 채워주는 것 같지만 정치가 밥그릇을 채워주는 것이다. 정치인들은 클린턴에게서 배워야 한다.

2장. 신념의 정치인 버락 오바마

케냐인 아버지와 영국계 미국인 어머니 사이의 흑인 혼혈아. 부모 2살 때 별거, 3살 때 이혼, 모친 또 다른 외국인 남자(인도네시아인)와 재혼, 모친을 따라 인도네시아 이주 후 초등학교 시절 자카르타에서 성장, 하와이 복귀 후 외조부모 슬하에서 청소년기까지 성장, 모친 난소암으로 사망... 미국 대통령 버락 오바마의 가정환경 조사서를 요약하면 이렇다. 만약, 대한민국에서 이런 가정환경을 가진 아이로 태어나고 성장했다면 그가 어찌되었을까?

오바마는 자신의 저서에서 자신의 피부색에 대해 "부모가 내 주변 사람들과 전혀 다르게 생겼다는 점(아버지는 피치처럼 시꺼멓고, 어머니는 우유처럼 하얗다)을 나는 개의치 않았다."라고 회상했다.

또 자신의 하와이 성장기를 "하와이에서 얻는 기회(상호 존중의 분위기 속에서 다양한 문화를 경험한 것)는 내 세계관에서 중요한 부분이 되었으며, 내가 가장 아끼는 가치의 근간이 되었다."라고 썼다.

십대 시절 알코올, 마리화나, 코카인을 복용한 사실도 고백했다. 그리고 이를 2008년 대통령 후보 공개 토론에서 "나는 누구인가 하는 질문을 머릿속에서 잊으려고 했던 것이지만 최대의 도덕적 과오"라고 고백했다.

이런 성장환경과 과오를 가진 오바마는 지금 세계의 경찰국가로 자임하는 미국 대통령을 두 번째 연임하고 있다. 그리고 지금도 미국인들 사이에서 상당한 지지를 받으며 미국과 지구촌을 조율하고 있다.

물론 오바마 케어로 통칭되는 의료보험 개혁안을 미국 보수층이 반대하면서 공화당이 예산을 볼모로 잡는 바람에 한때 연방정부가 문을 닫는 사태가 빚어지기도 했다.

하지만 그 또한 극복하고 오늘도 러시아의 우크라이나 침공과 중국과 일본의 동중국해 충돌위험, 북한과 이란의 핵문제 등 지구촌 곳곳의 냉전 상황을 조율하느라 바쁘다.

2007에 랜덤하우스코리아에서 출판된 〈담대한 희망〉 〈내 아버지로부터의 꿈〉이란 두 권의 오바마 전기는 그가 어떤 삶을 살았는지 자세하게 기록하고 있다. 이 외에도 그와 관련된 서적 중 〈역전의 리더 검은 오바마〉 〈꿈과 희망―버락 오바마의 삶〉 〈열등감을 희망으로 바꾼 청소년의 리더 버락 오바마〉 등을 통해 나타난 오바마의 삶을 간단하게 요약하면 이렇다.

성장기의 오바마

하와이에서 중고등학교를 마친 오바마는 로스앤젤레스의 옥시덴탈 대학교에 입학한 2년 뒤 뉴욕의 컬럼비아 대학교에 편입했다.

대학생 오바마는 국제관계와 정치학을 전공하면서 일찍부터 지역사회 활동을 했다. 시카고에 있는 8개 가톨릭 교구로 구성된 교회 기반의 공동체 조직에서 '지역사회 개발 프로젝트' 감독으로 3년간 지역사회 조직가로 일했다. 여기서 주민 권리 조직, 직업 훈련 프로그램, 대학 예비지도 프로그램을 체득했다.

대학 졸업 후 3년의 사회경험을 한 1988년, 오바마는 하버드 로스쿨에 입학했다. 입학 후 곧바로 1학년 말에 '하버드 로 리뷰'의 편집자로 선발되었다가 2학년 때 편집장이 되었다. 흑인으론 최초였다.

이때부터 오바마는 전국적인 언론의 조명을 받았다. 로스쿨 2학년에 재학 중일 때 시카고의 한 로펌에서 인턴으로 일했다. 이후 1991년 하버드에서 우수한 성적으로 법학 박사 학위를 받았다.

로스쿨을 졸업한 오바마는 1992년 4월부터 10월까지, 일리노이 주의 투표 프로젝트를 감독하면서 투표자 등록 사업을 했다. 이때 일리노이 주 아프리카계 미국인 투표자 명부 미등록자 400,000명 가운데 150,000명을 투표자로 등록하게 했다.

투표가 삶을 바꾼다는 열정이 아니면 해내기 힘든 일이었다. 그만큼 흑인들은 삶이 지난하면서도 투표에는 관심이 없었기 때문이다. 그래서 이 일로 오바마는 〈크레인스 시카고 비즈니스〉에 1993년, 지도자가 될 "40세 이하 40인" 가운데 한 사람으로 등재되었다.

1992년부터 2004년까지 오바마는 시카고 법학대학원에서 헌법학 강의를 했다. 1993년 로펌 변호사 12명과 합류하여 공민권

소송과 지역 경제 발전 분야를 맡으며 법률 고문까지 지냈다.

'시키고 공공동맹 이사회' 창립 회원이었으며, '시카고 숲 기금' 이사회 등 다양한 단체의 임원을 역임했다. 또 법적 민권을 위한 시카고 변호사 위원회와 지역기술센터에서도 일하는 등 시카고 지역사회 거의 모든 사회운동의 정점에 있었다.

정치인 오바마

1996년, 정치에 뛰어들었다. 일리노이 주 상원의원으로 당선되었다. 주 상원의원 오바마는 저소득 노동자 세액 공제, 복지 개혁, 아동 의료 보조금 등 복지정책에 치중했다.

2001년, 민주당 출신임에도 공화당 출신의 라이언 주지사 정책인 초고금리 소액대출 제한과 주택 압류 방지를 위한 약탈적인 부동산 담보 대출 제한을 지지했다. 모든 의정활동을 가난한 자, 저소득 노동자에게 초점을 맞춘 것이다.

이런 활동에 힘입어 1998년에 이어 2002년까지 선거에서 연승했다. 하지만 그 과정에서 2000년 연방 하원의원 후보 경선에 도전했으나 당시 4선 현직 의원이었던 바비 러시에게 패배하기도 했다.

2004년 11월, 오바마는 일리노이 주 상원의원직을 사임하고, 연방 상원의원에 도전했다. 당시 공화당 현직 의원과 민주당의 유력한 전 의원이 후보 경선 불참을 결정하면서, 민주 공화 양당은 후보 15명이 난립했다.

2004년 3월, 민주당 후보 경선에서 오바마는 경선 경쟁자 7명의 후보 중 53%를 득표하는 예상치 못한 압승을 거뒀다. 이로 인해 민주당의 전국적인 신예 정치인으로 부상했다. 그리고 2004년 6월, 보스턴에서 열린 2004년 민주당 전당대회 기조연설자로 뽑혔다. 이 연설로 오바마는 전국 정치인이 된다.

연방 상원의원 선거에서 오바마의 경쟁자였던 공화당 후보 경선 승리자 잭 라이언이 후보직을 사퇴했다. 앨런 키스가 그를 대신하여 일리노이 주의 공화당 후보로 지명되었다. 그해 11월 총선에서 오바마는 70%의 표를 얻어 27% 득표한 키스를 제치고 상원의원에 당선되었다. 일리노이 선거사상 가장 큰 득표 차였다.

연방 상원의원 오바마, 실용주의를 드러내다

오바마의 진가는 연방 상원의원 시절 제대로 발휘되었다. 에너지 정책법안, 미국 안보와 절차적인 이민 법안, 국경 방책 법안을 지지한 그는 자신의 이름을 붙인 '루거-오바마 법안'과 '코번-오바마 법안'도 내놓았다.

루거-오바마 법안은 재래식 무기 감축 법안이며, 코번-오바마 법안은 연방 지출에 관한 검색 엔진인 USAspending.gov를 설립하도록 규정한 투명성 법안이었다.

또 핵발전소 규제법안, 집단소송 공정법, 국가안보국 불법 도청에 공모한 통신 회사에 민사 책임을 면제하는 FISA 수정 법안도 관계했다.

오바마의 상원의원 활동을 보면 그가 민주당 소속임에도 소속당과 관계없이 국가안보에 관한 이슈는 소신껏 활동한 것이 나타난다. 그러나 국민복지 등 저소득층이나 비기득권층의 보호에 대한 활동은 또 누구보다 적극적이었다.

이를 위해 외교, 환경 및 공공사업, 퇴역병 문제를 담당하는 상원 상임위원회를 고루 경험했다. 또 의료, 교육, 노동, 연금과 국토 안보 및 정무를 담당하는 상임위원회에서도 활동했다.

이런 오바마에 대해 CQ 위클리, 내셔널 저널, Congress.org 등의 호평이 쏟아졌다. 그리고 일리노이 주에서 72%의 지지를 받아 상원에서 가장 인기 있는 정치인으로 등재되었다.

오바마, 미국 최초로 흑인 대통령이 되다

2008년 11월 13일, 오바마는 연방 상원의원직 사임을 발표하며 대통령 선거 준비에 돌입하겠다고 선언했다. 당시 민주당 대통령 후보 경선에는 수많은 후보들이 뛰어들었으나 오바마와 힐러리 클린턴과의 대결이었다.

두 사람은 경선 내내 언론의 조명을 한껏 받았다. 앞서 거론했지만 오바마는 미국 비주류 중의 비주류인 아프리카계 흑인임과 동시에 하와이 출신, 힐러리는 전직 대통령의 부인임과 동시에 여자, 누가 되어도 미국 역사상 최초였다.

오바마 선거의 핵심 공약은 당시 미국의 가장 첨예한 문제인 이라크 전쟁의 조기 종결과 에너지 자립 증대, 보편적인 의료보험을 위한 의료보험제도 개혁이었다.

오바마가 출마 선언을 했으나 미국 워싱턴 정가나 국제적 여론은 일제히 힐러리 클린턴이 유리하다고 봤다. 남편 클린턴의 8년 집권 당시 나타났던 힐러리의 인기 그리고 그 후광으로 된 상원의원, 맨 파워도 이미지도 중앙정치계에 신인이나 다름없는 오바마가 넘기에는 높은 산이었다. 하지만 막상 뚜껑을 열고 보니 프라이머리는 접전이었다.

프라이머리 중반, 오바마가 선거자금 확보에서 앞서 나갔다. 재벌이나 대기업의 선거자금 후원이 아니라 소액 다수 후원자가 넘친 때문이었다. 초반 추격전, 중반 엎치락뒤치락, 긴 접전을 펼치던 프라이머리는 오바마의 막판 역전과 함께 막바지로 치달았다.

8개월 가까운 치열한 선거전은 오바마의 확정적 승리로 나타났다. 2008년 6월 3일 미네소타의 세인트폴에서 오바마는 승리를 확인하는 감격적인 연설을 했다.

콘텐츠와 이미지가 하나로 투영된 오바마의 진실성에 미국 유권자나 민주당원들이 손을 들어준 것이었다. 6월 7일, 힐러리 클린턴이 선거 유세를 접고, 오바마의 승리를 인정했다.

본선 상대는 공화당의 존 매케인이었다. 매케인은 강경보수주의자였다. 매케인과 공화당은 오바마를 사회주의자로 공격했다. 오바마는 이를 자신보다 상대적으로 보수성을 띤 델라웨어 출신 상원의원 조 바이든을 부통령 후보로 지명하여 러닝메이트로 삼으면서 비켜갔다. 2008년 11월, 드디어 오바마는 52.9%의 지지를 얻어 45.7%를 얻은 매케인을 누르고 흑인이자 아프리카계 미국인으로는 최초로 미국 대통령에 당선되었다. 당선된 오바마는 시카고의 그랜트 공원에서 지지자 수만 명이 운집한 가운데 선거 승리 연설을 했다.

콘텐츠와 이미지의 합일, 오바마 승리의 교훈

오바마는 민주당 경선과정에서 젊은 층과 여성 및 사회적 소수 계층에서 더 높은 지지를 받았다. 그것은 오바마의 지난 정치행적과 줄곧 주장한 선거공약 때문이었다.

대통령에 당선된 오바마는 미국인이 세계에서 가장 존경하는 인물로 선정됐다. 인기는 하늘을 찌를 듯했다. 그의 지지율은 11월 67%, 12월 76%로 높아졌다가 대통령 취임일 직전인 1월 20일에는 워싱턴 포스트와 ABC방송의 여론조사에서 80%의 지지율을 받았다. 1930년대 이후 역대 대통령 중 가장 높은 수치였다.

이런 오바마의 성공 이유는 어디에 있을까? 일단 그가 살아온 길과 정치인 오바마가 했던 정치의 내용인 콘텐츠가 확실하게 하나로 합일되었다.

또 솔직함과 일관성이 있었다. 그는 고등학생 때 마약을 한 것을 솔직하게 고백하고 자신의 과오를 뉘우쳤다. 하버드 로스쿨 재학 중 교내에 무단주차를 했다가 범칙금을 받았는데 이를 잊어먹고 내지 않았음이 20년 후에 밝혀졌을 때도 솔직하게 과오를 시인 사과했다.

그의 경제 철학은 서민들에게 경제적 기회를 더 부여하는 것이었다. 미국의 가난한 국민들이 비싼 의료비 때문에 병원을 가지 못하는 것을 해결하기 위한 노력에 치중했다.

이는 그가 추구한 정치와 정책의 일관성을 인정받게 한 계기다. 거기다 자신의 신념이 어떤 것인지도 고집스럽게 보여주는 신념의 정치도 했다.

연방정부 예산이 통과되지 않아 정부가 문을 닫는 '셧 다운' 사태가 빚어졌음에도 자신의 주장인 의료보험 개혁안에 대해선 물러서지 않았다.

저소득층 생활안정을 위해 생활임금을 제공해야 한다면서 미국의 최저임금 상한을 줄곧 노력하고 있다. 여기에 저임금 노동자들을 위한 근로소득 세액공제, 유급 병가 일수 확대같은 정책을 확실하게 추진하겠다며 의회와 대립하고 있다.

이런 이유로 공화당과 보수주의자들은 오바마를 사회주의자라고 공격하며 심지어 오바마가 학교에서 학생들을 상대로 연설하는 것도 반대한다. 우리말로 하면 빨갱이다.

오바마 케어로 불리는 의료보험 개혁법안에 대해 보수주의자들은 격렬한 반대시위를 하고 있다. 그러나 오바마는 물러서지 않는다. 도리어 이들의 반대시위가 있던 날 15,000여 명이 운집한 집회에서 자신의 정책이 추후 강한 미국을 위해 필요한 정책이라고 역설했다.

그러나 오바마는 상대가 필요로 하는 것을 주는 타협정치도 했다. '셧 다운' 사태를 막기 위해 민주 공화 양당은 자동 지출삭감의 규모를 줄이면서, 다른 부문 지출도 삭감하는 방식으로 연간 재정적자를 220억 달러 가량 추가 감축하기로 타협했다.

공화당 주장인 국방·국내 부문 지출은 증액되는 반면, 민주당과 오바마의 주장인 공무원·군인 연금 혜택 축소, 노인·장애인 건강보험 지출 2% 삭감안 2년 연장 등이 양보된 것이다. 그러면서도 정작 오바마의 주장인 건강보험과 복지 지출, 세금제도 등 근본적인 문제는 거의 건드리지 않았다. 신념을 절묘한 타협으로 이뤄낸 것이다.

신념 중요하다. 진정성 중요하다. 하지만 콘텐츠의 디테일, 콘텐츠와 이미지의 합일도 매우 중요하다. 마찬가지로 자신의 반대편 즉 자신과 다른 생각을 가진 측의 신념도 그 쪽 입장에선 중요하다. 그쪽도 자신들의 생각으로 진정성이 있다면 둘이 마주치면 깨지거나 부서진다. 정치지도자는 이걸 잘 조율하는 능력을 겸비해야 한다.

오바마는 자신이 극한 처지에 있었어도 희망과 열정으로 그걸 이겨냈다. 이겨낸 과정도 드라마틱하다.

하지만 분명한 것은 미국을 이끌 대통령으로 가져야 할 콘텐츠 그리고 그 콘텐츠를 실현시킬 수 있겠다는 믿음을 준 진실성과 진정성, 이걸 해내겠다는 열정이 복합된 결과다. 그걸 미국인들이 인정한 것이다. 미국인들의 인정을 받은 오바마는 지금 미국과 지구촌을 조율하고 있다.

자신이 가진 콘텐츠와 이미지의 합일, 이것을 유권자에게 인정받아야 한다. 그리고 자신의 콘텐츠와 이미지로서 상대를 설득하고 설득도 당하는 정치를 해야 한다.

3장. 영국 노동당을 살린 토니 블레어와 제3의 길

영국병과 대처, 메이저가 주는 교훈

1979년부터 1990년까지 11년간 영국은 철의 여인이라 불리던 마가렛 대처가 이끌었다. 그의 집권 구호는 영국병 치유였다.

전임 집권당인 노동당의 윌슨과 켈러헌 총리가 영국을 이끄는 사이 석탄노조의 파업 등으로 경기가 침체되면서 재정압박까지 가져와 영국 경제가 깊은 수렁으로 빠져 들었다. 이를 타개하겠다는 것을 한마디로 대처는 '영국병 치유'로 명명했다.

이 영국병 치유를 이유로 그녀가 펼친 경제정책은 철저한 신자유주의 정책이었다. 장기간 이어진 석탄 노동자 파업을 진압하고 주요 국영 기업을 민영화했으며 사회복지 혜택을 감축했다. 이를 대처리즘으로 불렸다.

대처리즘은 단기간에 전임 노동당 정권에서 생긴 인플레와 노사분규로 인해 침체된 영국 경제를 회복하겠다는 의지였다. 비슷한 시기에 집권했던 미국의 레이건 대통령도 이와 유사했다. 미국은 이를 레이거노믹스라고 명명했다.

대처는 철저한 반공주의자였다. 레이건과 궤도를 같이하며 동구 공산권은 물론 소련과도 확실한 대립관계를 형성했다.

1982년 아르헨티나의 침공으로 발발한 영국령 포클랜드 전쟁 당시에 망설임 없이 군대를 파견, 아르헨티나의 도발을 제압했다. 이런 대처에게 '철의 여인'이란 별명이 붙었다. 더구나 이 별명은 소련에 의해 붙여진 별명이었다. 이런 대처 정치는 영국인들에게 지지를 받았다. 그래서 대처는 11년을 집권했다. 그러나 점점 국민의 지지도가 하락하자 1990년 11월 총리직을 사임했다.

존 메이저가 보수당 당수가 되어 총리에 취임했다. 이후 보수당은 1992년에 실시된 총선에서 또 승리했다.

하지만 메이저 집권 후 영국 경제는 내리막을 걸었다. 영국 산업을 이끌던 광업과 조선업의 쇠퇴가 원인이었다. 광업과 조선업은 고용을 유발하는 산업인데 이 산업들의 쇠퇴는 많은 실업자를 양산시켰다.

영국인들은 메이저 총리가 유럽 연합과의 관계만 중시하며 자국의 이익을 보호하는데 소홀히 했다고 지적했다. 결국 이런 지적과 함께 국민들에게 인기를 잃은 보수당은 1997년 총선에서 노동당에 참패했다.

자유주의자 블레어 진보주의자가 되다

노동당의 승리를 이끈 사람은 토니 블레어다. 당시 블레어의 나이는 마흔 네 살이었다. 1953년 5월 6일 스코틀랜드 에든버러에서 태어난 블레어는 '스코틀랜드의 이튼'이라 불리던 페터스 칼리지 (Pettes College) 출신이다. 이후 옥스퍼드 대학교 법대를 졸업했다.

그런데 블레어는 옥스퍼드 재학시절 교칙을 무시하고 장발에 록 밴드를 조직, 그룹의 리드 싱어로 활동하는 등 히피에 가까운 생활을 했던 자유주의 성향의 소유자였다. 그런 그가 진보정당인 노동당의 당수가 되었고 오랜 보수당의 아성을 무너뜨린 것이다.

옥스퍼드 법대를 졸업한 블레어는 어빈법률사무소에서 변호사로 일했다. 이때 어빈법률사무소 소장이면서 노동당 중진이었던 앤드루 매케인 어빈에게 많은 영향을 받았다. 그래서 블레어는 1979년 노동당에 입당했다.

이후 30세이던 1983년 세지필드에서 하원의원으로 당선되었다. 그가 어떤 과정을 거쳐 승리자가 되었는지 살펴본다.

블레어, 제3의 길을 찾다

영국 노동당 노선은 정통 사회주의 노선인 국가 사회주의 노선이다. 이 노선은 봉건주의 국가나 초기 자본주의 사회에서 빈부격차와 계급 인정에 대한 반대이론으로 생겨났다.

영국 노동당도 이런 이념 하에 태어났으며 오랜 기간 이 이념을 기본이념으로 했다. 따라서 대체로 노동조합 활동가 좌파세력 또는 민족주의 좌파세력이 이끌었다. 하지만 이 이론은 초기에 강했던 대중들의 지지를 계속 이어갈 수 없었다.

20세기 중반 이후 자국 민족주의보다는 사회주의와 자유주의 공존 모델이 자리를 잡아가면서 소비가 투자라는 고도 소비사회, 국제적 통합 경제모델로 경제체제가 변화되어 갔다. 또 좌파 내부적으로도 일국 사회주의 대신 자본주의 내부에서 평등을 최대화하려는 사회민주주의 이념이 힘을 얻었다.

이런 상황에서 30세의 나이로 하원의원이 된 블레어는 노동당 예비내각에서 내무, 법무, 에너지, 노동장관을 두루 거쳤다. 그리고 노동당 안에서 줄곧 변화된 사회주의를 주장했다.

1994년, 41세의 나이로 최연소 노동당 당수 선거에 나섰다. 당시 당수 경선은 전통적 좌파노선을 고수하려는 존 프레스코 후보와 노동당이 집권하기 위해서는 개혁과 변화된 노선이 필요하다며 '신노동당 정책'을 주창한 블레어의 대결이었다.

블레어는 계속 1918년 이후 지속되어온 노동당 강령의 수정을 주장했다. 강령의 주요 골자인 공동 소유제라는 기본 이념을 철폐하고 경찰, 우편, 철도, 보건 분야를 제외한 국유 산업에서 민간기업의 존재와 활동을 인정키로 하자는 것이었다.

노동당 당수 블레어, 제3의 길을 제시하다

노동당 당수 선거에서 블레어가 승리했다. 승리한 블레어는 노동당 당수로서 1918년부터 노동당 정책의 대명사인 국유화 강령을 폐기하는 등 자신의 주장인 제3의 길을 강하게 추진했다

이 과정에서 당내 보수파들은 블레어를 토리당(보수당의 옛 이름)

에 빗대어 '토리 블레어'라고 비꼬기도 했다. 하지만 보수당 집권 18년의 뿌리가 된 대처 전 영국 총리는 블레어를 놓고 "노동당이 지난 30년간 배출한 인물 중 가장 걸출한 사람"이라고 평가했다

영국 언론들도 이런 블레어를 두고 비전과 결단력, 강력한 카리스마를 겸비한 '새시대의 지도자'라고 보도했다. 블레어의 이런 변화는 결국 1997년 5월 1일 총선에서 노동당이 집권 보수당에 압승을 거두게 했다.

이로 인해 블레어는 1979년 보수당에게 정권을 내준 지 18년 만에 정권을 되찾은 노동당 출신 총리가 되었다. 그의 나이 44세, 20세기 영국의 가장 젊은 총리였다.

1998년 발간된 블레어의 저서 〈영국 개혁 이렇게 한다〉에는 이런 자신의 정치노선이 상세하게 나타나는 각종 연설문과 기고문이 들어 있다. 그 내용의 일부, 즉 블레어의 주장을 요약하면 이렇다.

"우리가 지금 겪는 문제들은 좌파와 우파에 관계없이 거의 공통적이다. 경제위기가 그렇고 사회적 변화와 글로벌리제이션(Globalization)이란 과제도 마찬가지다. 또한 가족과 공동체의 해체라는 고통을 겪는 것도 같다. 제3의 길은 좌파와 우파간의 단순한 산술적 합의나 평균적 중립이 아니다. 제3의 길은 좌파의 가치를 전 세계의 기본적인 사회 경제적 변화에 적응시켜 낡은 이데올로기적 극단에서 탈피하자는 게 목적이다. 따라서 제3의 길은 사회주의의 새로운 출발을 의미한다. 극단적 무정부주의 운동이나 국가 사회주의를 철저하게

배격하면서 소비가 투자라는 경제원칙 입장을 지지한다. 자유방임도 아니고 간섭도 아니다. 거시경제의 안정을 도모하고 자립을 촉진시킬 수 있는 세금제도와 복지정책을 추구한다. 누구나 스스로 사회의 구성원으로서 자기 역할을 해낼 수 있도록 하는 게 우리의 정책 목표다. 본질은 누구나 받아들일 만한 규범적 가치들을 뽑아내자는 것이다. 사회적 정의나 안정, 공동체의 중요성, 민주주의와 자유 등의 가치는 중도좌파의 이념 속에서 간추려 낼 수 있다. 글로벌리제이션은 무역 규모가 거대해지고 국제적 교역이 늘어나는 현 상황에서 결코 회피할 수 없는 대세다. 이것은 정부의 역할에 새로운 과제를 부여한다. 국제 경제 환경에서 기업이나 국민들이 생존할 수 있도록 정부가 지원해 줘야 한다는 것을 뜻한다."

제3의 길, 영국을 새로운 부흥으로 이끌었다

1997년 블레어의 집권 이후, 영국은 많은 변화가 있었다. 스코틀랜드와 웨일스 지방의 자치권을 보장하면서 각각 지방의회가 재구성되었고, 오랜 기간 전쟁과 테러가 끊이지 않았던 북아일랜드 지방에서 협상을 통해 폭력투쟁을 종식시킨 '벨파스트 선언'을 이끌어냈다.

귀족 중심 상원을 각종 직능단체 대표 중심으로 꾸준히 바꿔나가는 개혁을 단행했다. 경제에서도 상당한 성과를 이뤘다. 전 세계적 침체국면을 뚫고 착실한 개혁정책을 편 블레어 행정부의 노력으로 영국은 연평균 3% 내외의 꾸준한 경제성장을 이뤄냈다.

물론 블레어에 대한 비판이 없었던 것은 아니다. 미국의 부시 대통령이 주도한 테러와의 전쟁에서 블레어는 친미 정책으로 일관, 국내외의 비판을 받았다.

미국의 아프가니스탄과 이라크 침공 당시 이들 나라에 영국 군대를 파견하기도 했다. 명분은 중동지역 민주주의 확대 및 인권신장, 영국의 석유 및 금융 산업 등 보호였다.

하지만 추진과정의 문제점들이 폭로되면서, 부시가 이끄는 미국 네오콘 세력의 주도권에 끌려 다닌다 하여 국내외 그의 비판자들은 블레어를 '부시의 푸들(Bush's Poodle)'이라고 부르기도 했다.

이후 블레어는 2007년 5월 치러진 스코틀랜드 지방선거 패배 직후 총리직에서 물러났다. 하지만 고든 브라운이 뒤를 이어 총리가 된 뒤 다시 노동당은 총선에서 승리했다. 고든 브라운이 이끌던 영국 노동당은 그 뒤로도 3년간 집권했다.

그러나 집권 13년 만에 영국 노동당은 2010년 총선에서 보수당에 패배하면서 다시 야당이 되었다. 영국은 케머런이 이끄는 보수당과 같은 보수주의 정당인 자유민주당의 연합정권으로 보수정권이 탄생했다.

우리는 무엇을 얻을까?

얻을 것이 너무도 많다. 일단 블레어가 주장한 제3의 길이다.

한마디로 영국 노동당이 1918년 이후 지켜오던 전통적 강령에서 벗어난 자유주의적 사회주의, 영국 노동당 같은 이념적으로 정비된 사회주의 정당도 집권을 위해 제3의 길을 모색해야만 했다.

물론 당시 제3의 길을 주장한 블레어는 당 안에서 많은 공격을 받았다. 공격 측은 정통 사회주의 주장자들이었다. 집권을 위해 정신을 버릴 수 없다는 당내 보수주의자들이었다. 그러나 블레어는 이를 이겨냈다. 그리고 보기 좋게 집권당이 되었다.

우리 정치 역사에도 이런 일은 있다. 옹골진 비토세력을 넘기 위해 김대중은 전혀 이질적인 세력이었던 김종필과 손을 잡았다. 자신의 경제 철학인 대중 경제론과 다른 노선인 신자유주의를 받아들였다.

물론 김대중이 신자유주의를 받아들인 것은 IMF구제금융 체제라는 외부압력 체제의 영향이기도 했다. 그러나 김대중의 유연한 행보가 아니었으면 집권도, IMF구제금융 체제 조기졸업도 불가능했을 것이다.

지난 2012년 대선은 박근혜와 문재인을 앞세운 이념전쟁이었다. 여기서 정통보수를 주장한 세력이 이겼다. 비록 3% 차이이기는 하나 그 차이는 선거의 성공과 실패를 나누기에 부족함이 없다.

김대중은 자신의 노선을 수정하면서도 0.9% 390,000여 표라는 박빙의 승리를 했다. 그 또한 오로지 그의 승리가 아니다. 중도 노선의 이인제가 출마하지 않았다면 얻어질 수 없었던 승리다.

노무현의 박빙승리도 막판 정몽준의 지지철회가 있었다고는 하나 정몽준을 연호했던 중도층의 표 쏠림이 아니었으면 이기기 힘든 선거였다.

이념의 선명함은 우익이든 좌익이든 선거 승리에 그리 도움이 되지 않는다. 이를 영국의 블레어도 미국의 클린턴도 또 노동당을 물리치고 13년 만에 정권을 되찾은 영국 케머런 총리도 증명하고 있다.

지난 2010년 영국 보수당은 노동당을 물리치고 정권을 빼앗긴 지 13년 만에 원내 1당이 되었다. 당시 선거에서 보수당의 젊은 당수 케머런은 '현대적 따뜻한 보수주의'를 주장하는 혁신 보수주의를 내걸었다. 블레어가 정통 사회주의가 아닌 제3의 길을 주장한 것과 비슷하다. 케머런도 정통 보수주의가 아닌 '혁신 보수주의'였다.

캐머런은 '혁신 보수주의'를 국민의 요구에 따른 새로운 정치관이라고 말한다. 자신이 대처의 팬이기는 하지만, 대처리즘을 추종하는 것은 아니라고 말한다. 또한 이데올로기에 집착해서는 안 된다고 말한다.

경제적 부유만이 아니라 사람들의 행복과 복지를 향상시키기 위한 노력을 말한다. 심지어 자신을 '토니 블레어의 계승자'라고 말하기도 했다.

우리는 어떤가? 현재 우리정치는 보수든 진보든 수정주의를 말하면 이른바 '사쿠라' 취급을 받는다. 그러나 민주주의가 정착된 선진국의 사례는 수정주의가 대세다.

한동안 지구촌을 휩쓸던 신자유주의 조류는 지금 수정주의의 길로 들어섰다. 신자유주의가 가진 무한 탐식은 결국 빈자의 다수화를 만들어 건강한 사회를 만들지 못한다는 논리가 대세인 것이다. 블레어를 통하여 구현된 사회주의 제3의 길은 정통 사회주의 이념을 약화시키기도 했다.

즉 이념의 편가름, 지역의 편가름, 세대의 편가름, 빈부의 편가름은 그 골이 깊어질수록 나라 전체를 좀먹는다. 이제 우리도 여기서 탈피해야 한다.

누가 주장할 것인가? 지금까지 편가름의 덕을 본 기성 정치권인가? 아니다. 새정치를 주장하는 세력이 해야 한다. 이 선점의 기회를 놓치는 것은 새정치가 자리를 잡을 수 있는 절호의 기회를 놓치는 것이다.

민심이 변하면 순식간에 가면을 쓸 수 있는 기성 정치권은 언제라도 '수정'이라는 가면으로 국민들을 호도한다. 이명박의 실용주의 주장과 박근혜의 경제민주화 주장으로 이미 그들의 진면목을 봤다. 주장은 하고 집권 후 버리는 가면, 전형적인 '블랙 판타지'다. 클린턴, 오바마, 블레어 등이 선보인 '화이트 판타지'와 대비된다 하지 않을 수 없다.

4장. 유연성 겸비한 타협의 지도자 앙겔라 메르켈

왜 정치 글을 쓰는가?

나는 60대의 평범한 할아버지다. 이제 그냥 나 편하면 좋은 것을 만끽하며 살면 된다. 그런데 오늘도 나는 정치에 관련된 글을 자꾸만 쓴다. 오늘도 한국 정치가 '블랙 판타지'라는 가면극에 열중이기 때문이다. 예전이나 지금이나 정치인들은 다 '나쁜 놈' 맞다. 국민들은 죽어 가는데 자기들 입장만 생각하는, '제사엔 관심 없고 젯밥만 관심 있는 놈들'이다.

그런데 국민들이 그렇게만 생각하며 정치를 비토하는 순간 정치는 더 나빠진다. '블랙 판타지' 공연은 길어지고 '화이트 판타지'가 언제 공연될 지 알 수 없다.

따라서 정치 소비자인 유권자가 실제로 막혀 있는 물길을 누가 풀고자 노력하고 있고 반대로 누가 더 막으려고 하는지에 대해 관심을 갖지 않으면 안 된다. 유권자가 이대로 두면 정치는 10년 전이든 지금이든 앞으로든 진전은 없을 것이기 때문이다.

'블랙 판타지'만 공연되는 2014 한국정치

매년 12월 2일은 우리 헌법이 정한 새해 예산안 처리 기한일이다. 우리 헌법은 새로운 회계연도 시작 30일 전에 국회는 예산안을 인준해야 한다고 되어 있다. 하지만 지난 해 12월 31일 자정 무렵에야 2014년 예산안이 국회를 통과했다. 이로서 가까스로 '셧 다운'사태는 넘겼으나 이 법조문에 따르면 현 19대 국회의원 전원은 헌법을 어겼다.

당시 여야 양당 수뇌부 4인은 회담으로 막힌 정국을 풀기 위해 국회에서 만났다. 그런데 이 시각 박근혜 대통령은 청와대에서 황찬현 감사원장, 문형표 보건복지부 장관, 김진태 검찰총장에게 임명장을 수여해 버렸다. 이 세 사람은 모두 국회 인사청문회에서 야당으로부터 비토를 받았던 사람들이다. 청문회에서 나타난 그들의 비도덕적 행실은 그들이 지도자의 자리에 오르면 안 된다는 국민감정을 불러 일으켰다.

그런데 대통령은 야당이 어떻든 국민들 감정이 어떻든 자기 길을 그대로 가 버렸다. 더구나 꽉 막힌 정국을 풀어보자고 여당과 야당을 대표한다는 4명의 정치지도자가 국회에서 회담하는 그 시간에 대통령은 자기 갈 길을 가버린 것이다.

황찬현 감사원장은 임명 동의안이 국회를 통과했지만 과연 그 처리 과정이 적법했는지에 대한 논란이 분분했다.

문형표 복지부 장관과 김진태 검찰총장의 경우는 임명 권한이 대통령에게 있긴 하지만 국회가 인사청문회 청문결과보고서도 채택하지 않은 상태에서의 기습 임명이었다.

물론 이들의 임명에 법적인 하자는 없다. 하지만 대통령의 직무 수행이 법적으로 하자가 없더라도 국회와 야당 존중이라는 통합의 리더십은 아니다.

이는 '야당이 뭐를 어떻게 반대해도 국민들이 반대해도 나는 내 길을 간다'는 선언을 한 것과 같다. 타협과 양보라는 민주제 정신의 근본을 대통령이 무시한 것이다.

이것이 '블랙 판타지' 공연이다. 다수결 선거제도의 가장 큰 악습인 승자독식, 이 때문에 지난 60년 한국 정치는 '민주주의'를 말하면서 '블랙 판타지' 가면극만 연출했다.

앙켈라 메르켈과 통합의 리더십

지난 해 11월 27일 오전, 전날 17시간 동안 밤샘협상을 벌였던 독일의 기민-기사연합은 제1야당 사민당과 대연정에 합의했다. 이 합의는 앙겔라 메르켈 독일 총리가 의회로 직접 사민당을 찾아가서 이끌어냈다.

지난해 9월 총선에서 41.5%를 얻으며 승리한 기민-기사 우파 연합이, 불과 25.7%만 얻은 좌파 사민당과의 연정에 합의한 것이다. 그래서 세계는 다시 한 번 메르켈 총리의 통합의 리더십을 주목하고 있다. 독일 최초의 여성 총리이자 동독 출신 총리의 3기 연임, 즉 12년 집권... 이제 메르켈은 더욱 통일 독일의 상징 같은 존재가 되었다.

그런데 박근혜 대통령은 메르켈보다는 영국 대처 전 총리의 길을 가고 싶어 하는 것처럼 보인다. 따라서 메르켈 얘기를 모범 사례로 드는 게 그에게 의미가 없을 수도 있다. 하지만 박근혜 이후를 생각하는 정치인들은 메르켈의 사례를 교훈으로 삼아야 한다.

메르켈 총리는 독일 분단 시 동독의 한 시골 목사의 딸로 태어나서 물리학자로 활동했다. 통일 후 통독의 주역인 헬무트 콜 전 총리의 발탁으로 내각에 참여하면서 정치인이 되었다. 공산국가였던 동독 출신인데 우파정당을 이끄는 수장이 된 것도 좀 이채로운 이력이다.

메르켈 총리는 철의 여인이라 불렸던 대처 전 영국 총리와 박근혜 대통령과 정치 스타일은 상반된 것으로 평가받고 있다. 즉 대처 전 총리나 박근혜 대통령이 비타협적인 강경 보수주의자인 반면 메르켈 총리는 같은 보수주의지만 정세의 변화에 따라 진보적 정책을 적절히 수용하는 포용과 통합의 유연한 리더십으로 중도적 보수주의자란 평가를 받는 점이 다르다.

이는 지난 9월 치러진 독일 총선이 이를 잘 말해 주고 있다. 당시 메르켈 총리가 지휘하는 여권의 기민당-기사당 연합은 유럽의 재정 위기에도 불구하고 통일 이후 최저 실업률을 나타낼 정도로 독일 경제가 뚜렷한 성장세를 이끌어낸 점을 평가받아 승리했다.

특히 물가의 안정 속에 괄목할 만한 무역 수지 흑자를 기록할 만큼 독일 경제의 경쟁력을 강화시켰다는 평가를 받았다. 독일 경제를 유럽연합(EU) 경제의 원동력으로 확고히 했다는 평가도 받고 있다.

통합의 길은 정책의 유연성

전문가들 사이에서 평가받는 21세기 독일 부흥은 메르켈 총리의 유연한 정책수용에 기인한다. 즉 사민당 녹색당 등 진보주의적 정책까지 상황변화에 따라 탄력적으로 수용하는 등 포용과 통합의 리더십을 발휘할 수 있었기 때문에 가능했다는 것이다.

메르켈이 이끄는 독일 보수 정당인 기민당의 총선 공약도 이들 진보정당이 주장했던 정책들이었다.

이런 정책은 보육 지원 강화 등을 통한 가정 및 사회 복지 제도 확충, 양성 평등 정책 실시, 금융 규제 강화, 2022년까지 원전 폐기, 징병제 폐지 및 모병제 수용까지 이르렀다.

반면 우파의 한 축 자유민주당은 득표율 5%가 되지 않아 의회진입에 실패했다. 메르켈과 달리 자민당은 전통적 우파정책인 부자 감세 등 대기업 친화적이고 신자유주의적인 정책 기조를 표방했기 때문이다.

이는 지도자의 정책적 유연성에 대한 국민의 평가가 어떻게 나타나는지를 보여주는 사례라고 할 수 있다. 즉 지도자는 국민의 삶의 질과 관계된다면 자신의 이념적 지표와 다르게 탄력적인 행보를 해야 한다는 것이다.

결국 자유민주당은 1949년 건국 이래 최초로 연방의회 진입에 실패했다. 그리고 기민-기사연합과 자유민주당 간의 전통적인 보수 연정도 붕괴되었다.

독일은 보수 정치권인 기민-기사 연합과 진보 정치권인 사민당이 연립정부를 구성했으며 이 독일판 대연정은 메르켈 총리의 통합의 리더십 때문에 가능했다.

이 연정 협상에서 특히 메르켈의 유연성이 돋보였던 것은 사민당의 주장인 최저임금제 실시, 이중국적 허용, 연금제도 개혁, 증세 등에서 증세 부분을 제외하고는 대부분 받아들여진 것이다. 메르켈의 대대적인 양보가 없었다면 될 수 없는 것들이었다.

독일은 현재 EU는 물론 국제사회에서 차지하는 위상이나, 또 독일 국민들의 정권을 향한 신뢰가 대단하다. 지도자의 정책 유연성, 그것이 국가와 국민을 위한 것이라면 국민들은 일관성보다 유연성을 택한다.

일관성은 경직이 아니다

박근혜 대통령이 개인적으로 선호하는 통치 스타일이나 노선은 대처와 가까운 것일 수 있다. 그러나 현 시점에서 그 길을 계승하는 게 가장 적절한 것인가 하는 문제제기를 할 수 있어야 한다. 실제로 박 대통령도 대선 과정에서는 경제 민주화 의제를 앞장서 제기하는 등 전통적 우파 정책에서 많이 벗어난 공약을 채택했다. 그게 당선의 결정적인 이유였다.

현 정권이 51.6%의 지지를 받았는데 이 51.6%에는 박근혜의 유연성에 대한 기대가 상당히 반영됐을 것이다.

그런데 이 유연성은 당선 이후에 보이지 않는다. 더구나 반대당을 지지했던 48%의 의사를 거의 묵살하다시피 하는 것은 일관성이 아니라 경직이다. 메르켈은 41.5%가 25.7%를 수용하면서 41.5%를 잃기는커녕 오히려 67.2%를 만들어 버렸다.

지금 다수의 국민들은 대통령과 여당에게 유연성을 요구하고 있다. 48%를 완전히 적대시 하고, 48%가 무슨 말을 하던 자기 갈 길을 가고야 말겠다는 선언에 저항하고 있는 것이다.

혹자는 메르켈의 양보에 따른 독일판 대연정을 노무현 전 대통령이 집권 당시 야당 한나라당에게 제안했던 대연정과 등치하는 경향이 있다.

당시 노무현 대통령도 소수당이던 당시 한나라당에게 지역정치 타파를 고리로 대연정을 제안했으나 한나라당은 받지 않았고, 여권 내부만 분열되었다. 노무현의 연정제안이 책임정치와 맞지 않는다는 논리 때문이었다.

하지만 엄밀히 하면 노무현의 연정 제안은 국민의 삶과 직결된 정책적 유연성이 아니라 선거구제 개혁을 통해 정치구도 타파를 노린 정치공학적 유연성이었다. 즉 국민의 삶과는 직접적인 관계가 없는 내용이었다.

이것은 유연성이 아니다. 지도자의 정책적 유연성은 국민의 삶에 포인트가 맞춰져야 한다. 경제와 복지 정책에서 무엇이 국민의 삶을 윤택하게 할 것인가가 그것이다. 레이건, 대처, 클린턴, 오바마, 블레어, 케머런까지 우리는 그것을 실감하고 있다.

민주주의, 그 어렵고 힘든 여정

민주주의는 과정이 복잡하고 시끄럽다. 사람마다 생각이 다르다. 생각이 다른 사람들이 모여 살면서 공통의 의사를 모으는 작업이 그만큼 힘들다. 이 작업은 때로는 설득하고, 때로는 양보하고, 때로는 싸우고, 때로는 깨지고, 때로는 헐뜯고, 때로는 웃으며 악수하는 과정들을 무수히 치러내야 한다.

이는 국가의 번영과 국민의 최선의 과정을 도출하기 위해 필수적으로 필요한 과정이다. 이를 위해 스스로 인내하고 상대를 배려하는 합의정치를 시도해야 한다.

그러나 이 일은 매우 힘든 일이다. 대통령이 되어서 하고 싶었던 일, 또 꼭 해야 하는 일에 대한 신념, 따르는 사람들, 특히 이념적 지표가 같은 사람들의 생각을 채워주는 것. 그들을 설득하는 것이 그만큼 힘든 일이기 때문이다.

그렇더라도 해야 한다. 그래야 다양한 감성과 이성, 욕심과 욕망을 가진 호모 사피엔스들이 함께 살 수 있다. 독일의 메르켈 총리가 이를 실증적으로 보여주고 있다.

지금의 우리 정치가 시끄럽고 국민적 지탄을 받는 것은 누구든지 자신이 가진 법적 권한을 조금도 양보할 마음이 없기 때문이다.

정치지도자나 정치세력이 지금까지의 '블랙 판타지' 공연을 끝내고 '화이트 판타지' 공연의 막을 올리려면 독일의 앙겔라 메르켈을 연구해야 할 것이다.

5장. 김대중의 3전 4기, 진정성과 집념이 일군 승리

김대중은 국회의원에 당선된 것도 3전 4기였으며, 대통령에 당선된 것도 3전 4기였다. 그만큼 정치인 김대중의 정치적 삶은 고난과 역경의 연속이었다.

그는 정치에 뛰어든 1954년부터 대통령으로 마지막 은퇴한 2003년까지 정확히 정치인으로 50년을 살았다. 그러나 그 50년 가운데 30년이 지독한 고난의 시간이었다.

그 30년 안에 낙선의 고통으로 아내를 잃었던 아픔도 당했고, 의문의 교통사고로 죽음의 고비도 넘겼다. 납치되어 물고기 밥이 될 위기도 있었던 데다 10년이 넘는 세월 동안 가택에 연금되기도 했으며, 정치범으로 실형도 살았다. 그도 모자라 사형수로, 사형수에서 무기수로 감형받아 추방되었고, 그로 인해 망명객이란 이름으로 타국에서 유랑 생활도 했다.

1987년 대선에서 정계은퇴를 번복하고 김영삼과 후보단일화를 파기한 장본인으로 몰리면서도 후보로 출마, 낙선했다. 5년 후 1992년 선거에서 낙선하고 다시 정계은퇴를 선언한 뒤 1995년 정계로 돌아오면서 '거짓말쟁이'라는 비난도 받았다.

나 또한 앞서 기록한 한국 정당사 내용에서 양김 분열에 대해 '블랙 판타지' 가면극에 출연한 배우로 김대중을 비난했다. 하지만 그가 이 모든 고난과 역경, 비난과 비판을 이겨내고 최초로 평화적 정권 교체를 이뤘으며 한국인으론 최초로 노벨 평화상을 수상한 것의 의미까지 부정하고 싶지는 않다.

인간 김대중, 정치인 김대중, 그는 과연 어떻게 그런 상황에서도 정치지도자로 성공할 수 있었을까?

그것은 한국 정치사에서 명멸해 간 수많은 정치인들에 비해 치열한 공부와 면밀한 현안분석 그리고 미래를 내다보는 안목에 따른 대응, 또 신념에 따른 일관성이 남달랐기 때문이다. 그리고 막판 전혀 정치적 길이 달랐던 세력과 연합했으나 그 세력에게서 진정성을 인정받은 덕에 옹골지게 표를 흡입했기 때문이다.

그가 50년을 정치인으로 살며 남긴 일화는 너무도 많다. 일화 중 비판과 비난도 무수하다. 하지만 그 일화의 모든 맥은 진정성으로 통한다. 따라서 오랫동안 우리 정치사에 남을 대표적인 정치인 김대중 정치의 사례를 더듬으며 정치지도자의 길을 예시한다.

사례 하나, 한일국교정상화 찬성

박정희 전 대통령은 5.16쿠데타가 성공한 뒤 일본에서 돈을 가져와 그걸 밑천으로 경제개발을 하려고 했다. 그래서 대통령에 취임하면서 첫 과제를 한일국교정상화로 잡았다. 이를 위해 김종필을 특사로 일본에 파견하여 물밑협상을 진행시켰다. 그리고 급기야 김종필은 김-오오히라 메모를 통해 대략의 타결안을 마련했다.

타결 내용은 한일국교정상화를 위해 일본은 한국에게 일제강점기 36년에 대한 보상으로 무상 경협 3억 달러, 정부 차관 2억 달러, 상업 차관 1억 달러를 제공키로 한 것이었다. 하지만 이런 비밀 한일교섭은 국민들의 극심한 반감을 일으켰다.

이 내용이 알려지자 전국은 들끓었다. 단연코 야당은 적극 반대했다. 보상 내용이 문제가 아니라 수교 자체에 대한 거부였다. 이때 초선 국회의원 김대중은 '한일국교정상화 무조건 반대'에는 동의하지 않았다. 받을 것은 제대로 받고 국교를 정상화해야 한다고 주장했다.

반면 대통령 선거에서 박정희에게 낙선한 윤보선은 한일 회담을 매국 행위라며 강공의 선봉에 섰다. 대통령 후보가 반대하는데 야당 초선의원으로 '조건부 찬성'을 주장한 김대중은 박 정권보다도 더 악질이라고 매도를 당했다. "김대중은 박정희에게 매수된 첩자다. 김대중이 거액을 받았다더라." 이런 소문과 함께 여론은 김대중을 먼저 죽이려고 했다.

그러나 김대중은 "일본과 수교는 필요하다. 다만 수교 조건에 불이익이 없도록 대안을 마련해야 한다."는 주장을 계속했다. 야당 지도부는 이런 김대중의 주장을 용납하지 않았다. 학생들과 시민들은 연일 반대 시위를 벌였으며, 극한투쟁에 들어갔다. 결국 박정희는 서울 일원에 계엄령을 발동했다. 이것이 6.3사태다.

당시를 김대중은 자신의 자서전에서 "죽을 만큼 고통스러웠다." 고 회상했다. 그러나 그 회상을 할 당시도 김대중은 당시 자신의 생각이 옳았다는 것에는 변함이 없었다. "옳은 것에서 신념을 버릴 수는 없었다."고 말했다.

한국인 원폭피해자, 강제징용자, 종군위안부, 사할린 교포 귀환, 독도 영유권 등 모든 피해에 대한 보상 문제와 해결문제를 당시 매듭지었어야 했다고 말했다. 당시 여야 합의로 공개적 수교 협상을 주장하고 지원했다면 문제해결이 가능했다고 말했다.

이런 문제를 도외시한 야당의 무조건적 극한 반대는 박정희에게 계엄령으로 다스리며 뜻대로 하도록 방치한 것이었다고 당시 야당 지도부를 비판했다. 무조건 반대만 하면서 야당도 국가도 많은 것을 잃었다는 것이었다. 그리고 현재까지 당시 김대중의 주장했던 문제들은 해결불능상태로 남아 있다.

사례 둘, 정책공약으로 승부한 대통령 후보

1971년 대통령 선거는 박정희의 강압적 3선 개헌 이후 치러진 대선이다. 따라서 당시는 이런 박정희의 강압적 통치에 대한 반발과 이를 제어하려는 힘이 대결하는 양상이었다. 당연히 야당 후보라면 이 문제에 천착했을 것이다.

그러나 김대중은 그러지 않았다. 박정희의 영구집권기도에 대해 분명히 지적하면서도 인신공격은 하지 않고 오로지 정책대결로 승부를 걸었다. 향토예비군 폐지, 4대국 한반도 안전 보장, 남북화해와 교류, 공산권과 관계 개선 및 무역 추진, 대중 경제 노선의 추진, 사치세 신설, 학벌주의 타파, 이중곡가제 실시 등이 당시 주요 공약이었다. 통일외교에선 평화를 통한 국익을, 내치경제에선 민생을 철저히 주장했다.

이런 공격적 공약에 공화당이 당황했다. 3선 개헌, 국회의 날치기 통과, 박정희 10년의 비판적 평가, 한일국교정상화 당시 강압적 행태 등 박 정권의 패권적 행태를 비판하면서 정권 평가를 공약으로 할 줄 알고 대비했는데, 여당도 미처 생각하지 못한 획기적인 정책 공약이 나오자 당황한 것이다.

여당은 결국 향토예비군 폐지공약을 물고 늘어지며 빨갱이 공세를 해야 했다. 6.25 원죄를 물어야 할 소련과 중국에게 한반도 안전보장을 요구한 것, 철천지원수인 북한과 화해협력 및 교류를 주장한 것도 김대중이 빨갱이기 때문에 나온 공약이라고 몰아쳤다. 이중곡가제, 사치세(부자증세), 학벌타파와 같은 획기적 공약에 대해서는 대응도 하지 못했다.

치열한 선거전 끝에 김대중은 졌다. 하지만 곧바로 박정희는 김대중의 주장을 그대로 정책으로 옮겼다. 그것을 독재로 치환하는데 사용했으니 문제지, 7.4공동성명은 김대중의 주장이었다.

추하곡 정부 수매를 통한 이중곡가제가 실시되었고 사치세는 아니지만 부자증세도 상당부분 현실에 옮겨졌다. 공무원 시험에서 학력제한이 철폐되었고, 행정고시도 학력제한이 없이 치러졌다. 김대중의 미래지향적 안목이 맞았다는 증거다.

사례 셋, 단식으로 얻어 낸 지방자치제

1990년 여소야대로 정권 운용에 어려움을 겪던 노태우는 밀사 박철언을 통해 김대중에게 합당 의사를 타진했다. 김대중은 한마디로 거절했다. 야당총재 연쇄회담을 하던 노태우 대통령이 평민당 총재인 김대중과 단독회담에서 다시 합당을 제의했다. 김대중은 일언에 이 제안을 거절했다.

이후 1990년 1월, 노태우, 김영삼, 김종필은 밀실협상을 통해 3당을 합당했다. 졸지에 원내 2/3가 넘은 의석을 지닌 거대한 여당을 상대해야 하는 왜소한 야당으로 전락한 평민당 총재 김대중은 그 같은 상황에서 대처할 길이 막막했다.

그런데 거대 여당이 된 민자당을 등에 업은 노태우 대통령이 3당 합당 전에 여야 합의로 통과된 지방자치법을 어기고 지방자치제 선거를 연기하려고 했다.

김대중은 자신의 정치적 신념이었던 지방자치제 실시, 정치 사찰 중지 등을 내세우며 무기한 단식에 돌입했다. 거대 여당의 지방 장악을 끝내고 야당의 존립 바탕을 이루기 위해서는 지방자치제 실시 외에는 대안이 없다는 판단이었다.

백주에 보스 서너 명이 모여 거대여당으로 판을 바꾸어 버릴 수 있는 정치판에서 중앙 정부가 지방 권력까지 장악하고 있으면 평화적 정권 교체는 요원했기 때문이었다.

당시 단식은 죽기를 각오한 단식이었다. 더구나 김대중은 나이 70에 가까운 고령이었다. 단식 8일째가 되자 탈수 현상이 나타났다. 측근들이 세브란스 병원으로 옮겼다. 그러나 김대중은 단식을 멈추지 않았다.

소속 의원들은 총회를 열어 '단식중지결의안'을 채택하고, 동조 농성을 벌였던 당원들도 총재의 단식 중단을 간곡히 요청했으나 단식은 중단되지 않았다. 거대여당 민자당 대표가 된 김영삼이 병실을 찾아왔다.

"비록 여당에 가담했지만, 나는 민주주의를 잊은 적이 없는 사람이오. 후광, 나를 너무 욕하지 마시오."
"이보시오 나와 김 대표가 민주화를 위해 싸웠는데 민주화란 것이 무엇이오. 바로 의회 정치와 지방자치제가 핵심 아니오? 지방자치는 지금이 아니면 영원히 기회를 놓칠 수도 있소. 여당으로 가서 다수 의석을 가지고 있다 해서 어찌 이를 외면하려 하시오."

이 면담 후 노태우 정부는 지방자치제 실시를 약속했으며 김대중은 13일 만에 단식을 풀었다. 1995년부터 전국적으로 실시된 지방선거는 이 같은 김대중의 단식투쟁으로 얻어진 것이었다.

사례 넷, 미래를 내다보는 안목

김대중은 1967년 국회의원 선거 당시 자신의 지역구인 목포 유세에서 박정희의 3선 개헌을 예언했다. 이 유세 후 즉각 박정희는 '3선 개헌은 생각도 않고 있다'고 반박했으나 총선이 끝나고 바로 얼마 후 3선 개헌 작업이 들어갔다.

1971년 대선 유세 당시 장충단 공원 유세에서 박정희 당선 후 '영구집권, 총통제'를 예언했다. 박정희는 즉각 '국민 여러분께 표를 달라고 호소하는 것은 이번이 마지막'이라고 답변했다. 언론과 국민들은 그것이 3선으로 그만하겠다는 선언쯤으로 받았으나 박정희는 10월 유신을 통해 영구집권을 꾀했음을 스스로 선포했다.

1980년 1월 서울의 봄이 시작되기 전 이문영, 이해동, 문익환 목사 등 재야인사들이 찾아와서 "전두환 퇴진 투쟁을 4.19와 같이 목숨을 걸고 해야 한다."고 주장했다. 김대중은 면전에서 그분들에게 말했다.

"당신들 목숨이 몇 개입니까? 지금 저들은 그러기를 기다리고 있습니다."

정국은 전두환 그룹이 원하는 대로 흘러갔고 결국 뜨겁게 달아오르던 서울의 봄은 전두환의 군홧발 아래에서 뭉개졌다. 그리고 이런 사례 외에도 정국의 급변 시마다 김대중은 훨씬 전에 사태를 예견했다.

단 87년 단일화 실패를 무릅쓰고 4자필승론을 예견하며 출마했던 대선에서 패배했다. 이 예견이 틀렸음을 알았을 때 "나라도 양보했어야 하는데 양보하지 않은 것이 인생 최대의 실책이었다."는 말로 '인생 최대의 실책'을 고백한 것은 스스로 예견에 일가견이 있음을 자부한 것도 된다.

실제로 그 실책 말고는 그의 예견은 언제나 맞았다 어떻게 그렇게 예견할 수 있느냐는 질문에 그는 "모든 사안 앞뒤로 면밀하게 검토하면 답이 보인다."고 말했다.

사례 다섯, 승부사 김대중의 성공한 승부정치

김대중은 50년 정치인생 중 크게 4번의 정치적 승부수를 던졌다. 1970년 9월 29일 신민당 전당대회, 1979년 5월 31일 신민당 전당대회, 1987년 11월 12일 평민당 창당과 대선출마, 1997년 11월 3일 DJP 후보단일화 등이다. 그리고 이 4번의 승부수에서 세 번 승리했고 한 번 패배했다. 실패한 87년 사례는 김대중 스스로 수없이 자인했으므로 더는 거론할 필요가 없다.

첫째, 1970년 9월 29일 신민당 대통령 후보 지명대회. 당시 40대 기수론으로 바람몰이를 시작한 김영삼에 비해 김대중은 당내 세력에서 김영삼과 대결이 되지 않을 정도였다. 더구나 먼저 출마를 선언한 김영삼은 이미 당 총재 유진산에게 지원을 확약받은 상태였다. 대의원 투표 경선인 전당대회에서 다수 주류 측 수장인 유진산 총재의 지원은 당선 확정에 버금가는 힘이었다.

이 상황에서 김대중이 도전장을 던졌다. 또 다른 40대 기수인 이철승도 뒤따랐다. 그런데 조직력에서 열세라던 김대중은 김영삼에 버금가는 조직력을 선보였고, 단숨에 양강 구도를 형성했다. 이철승이 전당대회 직전 후보를 사퇴했다.

이에 김영삼은 더욱더 1차 투표에서의 과반 획득을 자신했다. 그러나 개표 결과 김영삼은 1위를 했으나 과반을 얻지 못했다. 이철승을 지지했던 대의원들이 상당수 기권을 한 때문이었다. 김영삼은 그래도 안심했다. 1차 투표 1위인 자신에게 표 쏠림이 있을 것으로 판단했다. 그래서 이철승을 다독이는데 소홀했다.

김대중은 그 틈새에 이철승의 지지를 끌어내는 정치력으로 결선 투표에서 승리했다. 이철승의 회고록엔 당시 김대중은 이철승에게 차기 당권을 약속했으며, 김영삼은 그런 약속을 하지 않았다고 나온다. 김영삼을 지탱하는 당 주류의 보스로 유진산이 있었기 때문이다. 이 미세한 틈을 파고 든 김대중은 이철승에게 당권을 약속하고 지지를 끌어냈으며 그 미세한 틈을 파고 든 작전으로 승리했다.

둘째, 1979년 5월 31일 신민당 전당대회. 10월 유신 이후 김영삼에게서 당권을 탈환한 이철승은 4년 동안 당 대표로 신민당을 이끌었다. 하지만 그의 중도통합론은 '낮에는 야당, 밤에는 여당'이라는 비난을 들으며 어용 취급을 받았다.

당시 김대중은 수년 전 일본에서 강제로 납치되어 동교동에 유폐된 상태였다. 선명 야당을 기치로 김영삼이 다시 당권 탈환에 나섰다. 이후락의 중앙정보부는 다양한 방법을 동원하여 이철승을 간접 지원했다.

김대중은 전당대회 전날 밤, 자신을 감시하는 경찰들의 눈을 따돌리고 중국집 아서원을 방문했다. 그리고 그곳에 모인 자파 대의원들을 상대로 김영삼 지지를 호소했다. 다음 날인 5월 31일, 김영삼은 결선투표에서 역전승하여 총재가 되었다. 이 전당대회의 김영삼 승리는 박정희의 몰락을 가져왔다. 18년 박정희 독재를 끝장낸 김대중의 승부수였다.

셋째, 1997년 11월 3일 DJP 단일화 성공. 김대중과 김종필은 정치입문 후 단 한 번도 우군이었거나 우호적이었던 적도 없다. 김대중은 김종필 등이 일으킨 쿠데타로 인해 국회의원에 당선되었음에도 선서도 못한 채 의원직을 박탈당했다.

박정희 정권 18년 동안에는 김종필이 당의장으로 총리로서 2인자로 불릴 때 고통을 받은 정치인의 대명사였다.

이런 관계였던 김종필에게 당선되면 대통령의 지분 50%를 할애하겠다는 약속으로 연대 합의를 받아냈다. 국민 지지도나 국회의석수에서 김대중과 김종필, 새정치국민회의나 자민련은 도저히 50 : 50의 지분을 나눌 수 없는 상태였다. 하지만 이 양보를 통해 필생의 목표이던 대통령직에 올랐다.

이 세 가지 사례는 많은 것을 말해 준다. 김대중이 그처럼 혹독한 고난을 겪으면서도 야당의 거두로 살아남고 끝내 대통령이 되었던 것은 이처럼 사안의 면밀성에 매우 치중했기 때문이라는 교훈이다.

여당이든 야당이든 현재의 우리 정치권은 언제나 사건이 벌어진 뒤 사안별 대응을 하면서 지루한 공방을 전개한다. 그러니 국민들에게 '똑같은 놈들'이 된다. 이래서는 국민이 먼저 피곤해지기 때문이다.

지도자는 하나의 사안이라도 사안이 생기면 이를 면밀하게 분석하고 사건이 일어나게 된 동기, 현재의 상황과 국민여론, 추후 파생될 연계사안까지 계산한 뒤 대응책을 마련 조직을 견인할 수 있어야 한다. 조직이 견인되면 여론을 얻는다.

김대중의 지지체를 위한 단식 당시, 야당은 극한 반목 생태였다. 3당 합당 후 남은 꼬마민주당은 어떻든 더 많은 지분으로 야당 통합에 동참해야 했기에 버티고 있었고, 평민당에서 신민당으로 바뀐 '김대중당'은 김대중 경호대와 꼬마민주당 지원파로 싸움 중이었다.

김대중은 단식으로 모든 잡음을 정리했으며 여당도 굴복시켰다. 명분과 진정성 싸움의 승리였다. 개인이 아니라 전체를 위한 명분과 진정성 전쟁에서 김대중이 이긴 것이다.

진정성의 진면목은 DJP연합 성공으로 볼 수 있다. 당시 김대중은 상대후보 이회창에게 39만여 표 이겼다. 그런데 김종필 지지기반인 충청권에서 40만여 표를 이겼다.

김종필 지지기반인 충청권 유권자에게 김종필이 김대중의 진정성을 호소한 결과다. 김대중의 승리에서 배워야 한다.

6장. 아킬레우스와 다윗왕, 굴원과 어부사

아킬레우스 신화의 교훈

그리스 신화에 나오는 불멸의 남자 아킬레우스는 자신의 약점을 잠깐 잊은 것 때문에 죽었다. 아킬레우스가 불멸의 남자가 된 것은 그의 어머니 테티스 때문이었다. 그가 어이없게 죽은 것도 그의 어머니 테티스 때문이었다. 그의 어머니 테티스는 아킬레우스를 불사신으로 만들기 위하여 갓난아기 때 저승에 흐르는 스틱스 강물에 넣었다가 빼냈다. 저승에 흐르는 스틱스 강은 몸을 담그면 어떤 무기에도 상처를 입지 않는 무적의 몸이 되었기 때문이었다.

그런데 그때 테티스는 아킬레우스를 강물에 담그면서 잡고 있던 아킬레우스의 발 부분을 빼먹었다. 기본을 망각한 것이다.

먼저 발목부터 담근 뒤 다시 발목을 잡고 전신을 담그면 될 일이었음에도 그렇게 하지 않았다. '설마 발목 뒤 힘줄쯤이야'가 작용했을 것이다. 결국 이 발목 부분은 아킬레우스가 상처를 입을 수 있는 유일한 부분으로 남았다. 성인이 된 아킬레우스는 불사신이었다. 어떤 무기로도 그를 죽일 수 없었다. 때문에 아킬레우스는 그 유명한 트로이 전쟁을 승리로 이끌 수 있었다.

이 전쟁에서 아킬레우스는 트로이 왕 헥토르를 전사시켰다. 전승 후 아킬레우스는 아버지 헥토르의 무덤에서 서럽게 우는 트로이의 공주 폴릭세네의 예쁜 모습을 보고 반하여 그녀에게 청혼했다. 이도 기본을 망각한 것이다. 자신이 함락시킨 성, 자신의 손에 죽은 왕의 딸이 폴릭세네다. 따라서 폴릭세네에겐 아킬레우스에 대한 원한이 당연히 있었을 것이다. 하지만 아킬레우스는 자신이 불사신이란 것만 믿고 폴릭세네의 원한은 망각했다.

반면 폴릭세네는 달랐다. 아킬레우스를 죽일 방법을 연구했다. 이를 통해 아킬레우스가 발목 뒤 힘줄에 치명적 약점이 있다는 것을 알아냈다.

이후 폴릭세네는 복수를 위해 이런 내심을 숨긴 상태에서 청혼을 받은 후 더 예쁘게 몸치장을 하고 팀블레 신전에서 아킬레우스와 결혼식을 올렸다. 결혼 서약을 마친 아킬레우스, 신상이 보이도록 문을 열어 둔 방에서 폴릭세네에게 다가가 키스하면서 옷을 벗기려고 했다. 그때 신상 뒤에 숨어 있던 헥토르의 신하 파리스가 아킬레우스의 발뒤꿈치 힘줄을 겨냥해서 활을 쏘았다.

아킬레우스는 그 화살 한 방에 맞아서 죽고 말았다. 아킬레우스의 유일한 약점이 발뒤꿈치 힘줄인 것을 안 폴릭세네가 자신의 아버지를 죽인 아킬레우스를 죽이기 위하여 신상 뒤에다 파리스를 숨겨 두고 거기를 화살로 쏘게 한 것이었다.

이 전설에서 유래된 말이 아킬레스건이다. 치명적 약점... 실제는 발뒤꿈치 힘줄이지만 가장 취약한 부분을 지칭할 때 이 말을 쓴다. 즉 아킬레스건이란 말은 발목 뒤 힘줄만 지칭하는 것이 아니라 모든 사람의 치명적 약점을 지칭하는데 사용한다. 아킬레우스의 약점은 발목 뒤 힘줄이었지만 자신의 이런 약점을 알고 대비한 여자를 알아보지 못한 것도 약점이었기 때문이다.

이 신화는 가장 좋아하는 것이 자기를 죽일 수 있다는 교훈이다. 기본을 망각하면 가장 먼저 드러나는 것이 치명적 약점이란 것도 알려주고 있다.

정치지도자는 그래서 기본을 망각하면 안 된다. 정치지도자만이 아니라 누구라도 어떤 부분에서라도 지도자가 되기 위해서는 지켜야 할 불문율이다. 기본을 망각했을 때 드러난 약점을 적은 치밀하게 준비하여 공격하고 죽이기 때문이다.

다윗왕에게 배우는 교훈

고대 이스라엘의 가장 위대한 지도자 다윗은 왕위에 오른 뒤 가장 먼저 한 일이 60년 동안 제자리를 떠나 있었던 법궤를 다시 제자리로 옮기는 일이었다. 법궤는 이집트를 탈출한 이스라엘 민족이 광야에서 유랑할 때 이스라엘 지도자 모세가 받은 십자가 돌판 두 개가 들어 있는 상자다. 이 돌판 말고도 모세의 형으로서 모세를 도와 이집트 파라오 앞에서 기적을 행사한 아론의 싹 난 지팡이도 있었다. 또 이스라엘 민족이 40년을 광야에 사는 동안 식량이었던 '만나'항아리도 들어 있었다. 따라서 비록 세로 80㎝

가로 120㎝의 작은 나무상자일 뿐이지만 이스라엘의 정통성이 들어 있었다. 이스라엘인들의 뿌리와 정신이 들어 있었던 것이다. 더구나 돌판에 새겨진 십계명은 이스라엘 인들이 지켜야 할 기본이 들어 있었다.

파라오의 차별적 학정을 피해 이집트를 탈출한 이스라엘인들은 자신들의 지도자 모세가 이끄는 대로 40년을 시나이반도를 중심으로 한 광야에서 살았다. 그리고 모세가 죽은 뒤 그 후임 지도자 여호수아의 인도로 팔레스타인 지역을 차지하고 자리를 잡았다.

이스라엘 민족은 그러나 세월이 흐르면서 점차 과거를 잊게 된다. 즉 기본을 잃어가는 것이다. 야훼의 백성이 이방 여자를 탐했고 지도자는 야훼의 명령을 어겼다.

급기야 법궤가 전쟁에서 효과가 없다고 법궤를 소홀히 다루기까지 했다. 이런 이유로 법궤는 다윗이 왕위에 오를 시기에 팔레스타인 지역의 한 변방 민간인 집에 처박혀 있었다.

다윗은 천신만고 악전고투 끝에 왕위에 오른 뒤, 가장 먼저 그렇게 처박혀 있는 법궤를 제자리로 가져오는 일을 했다. 그런데 세로 80㎝ 가로 120㎝의 작은 나무상자일 뿐인 법궤를 옮기는 일을 위해 전국에서 30,000명의 장정을 뽑았다. 이른바 바람을 일으키는 일을 한 것이다. 이스라엘 민족들이 기본을 찾기 위한 바람을 일으킨 것이다.

다윗이 왕위에 오르던 시기 이스라엘 민족은 오랫동안 전쟁을 치렀다. 이 전쟁들은 이민족과의 전쟁만이 아니라 같은 민족끼리 동족상잔도 치러야 했다. 사울왕 파와 다윗왕 파가 갈려 치른 전쟁이 그것이다.

다윗은 왕위에 오른 뒤 동족 간 앙금을 씻어야 했다. 가장 먼저 해야 할 일이 극심한 국론분열을 치유하는 것이었다. 다윗은 이를 치유하기 위한 방법으로 법궤를 이용했다. 법궤를 통한 국민통합 바람이었다.

이 바람은 출애굽을 인도한 야훼의 위대성을 국민들에게 심어 주는 일이었다. 민족에게 야훼의 백성임을 깨닫게 하는 기본을 깨우쳐주는 일이었다. 법궤는 제자리로 돌아왔다. 이스라엘은 통합되었고, 통합 후 융성해졌다. 다윗왕은 이스라엘 역사에서 가장 위대했던 왕으로 기록되어 있다.

다윗왕의 이 행적은 다른 것이 아니다. 다윗왕이 일으키고자 했던 바람은 '기본으로 돌아가자'였다.

'우리는 이집트의 노예생활을 한 선조의 정신을 갖고 있다. 우리의 선조들은 그 노예 생활을 야훼의 도움으로 극복했다. 우리가 지금 이런 강성한 나라를 건설한 것도 야훼의 도움 때문이다. 따라서 우리는 야훼를 잊으면 안 된다. 광야 정신이라는 기본으로 돌아가자.'였다. 이것이 다윗왕이 일으킨 바람의 원천이다.

다시 한국 정치를 말한다. 지금 정치권은 모든 기본을 무시하고 있다. 그래서 온갖 약점이 다 드러나 있는 상태다. 기본을 되찾을 바람을 일으킬 생각을 하지 않는다.

집권당이나 야당이나 다 마찬가지다. 국민들은 정치에 식상해 있고 극심한 편가름에만 골몰한다. 정치가 기본을 지키지 않기 때문이다.

지금 시점에서 우리 정치인들이 지켜야 할 기본은 국민의 삶이며 국리민복(國利民福)이다. 정치가 국민을 먹여 살리는 밥이다. 정치는 국민의 밥상 걱정을 먼저 해야 한다. 그것이 기본이다. 이 기본을 지금 한국의 정치권은 잊고 있다.

겉으론 모두가 밥상 걱정을 하는 것 같으나 실제는 자신과 진영 이익만 추구한다. 백성은 뒷전이고 자기편만 소중하다. 이것이 극심한 분열의 바람을 일으키는 요소다. 특히 집권층에서 더하다. 집권층을 반대하면 '종북'이다. 국민의 절반을 적으로 돌리고 있다. 이 종북몰이에 살아남으려고 야권은 또 투쟁이라는 방식 하나만을 고집한다. '블랙 판타지'의 전형이다.

'화이트 판타지'는 이 분열의 늪에서 국민들을 빼내는 것이다. 정치가 기본에 충실해져야 할 수 있다. 정치가 국민의 밥상이라는 기본, 이 기본을 제대로 숙지하고 시행하는 지도자가 성공한다. 법궤를 통해 일으킨 것 같은 통합의 바람이 지금 꼭 필요하다.

어부사에서 배우는 교훈

춘추전국시대 초나라에 정치가이자 문필가이며 학자인 굴원(屈原)이란 사람이 있었다. 굴원은 어려서부터 학식이 뛰어나 초나라 회왕(懷王)때인 스물여섯 살의 젊은 나이에 좌도(左徒: 左相)의 중책을 맡았다. 하지만 뛰어난 학식과 지략이 있었음에두 곧은 성품 때문에 정적들과 끊임없이 충돌하다가 정적들의 중상모략을 당해 귀향을 간 뒤 끝내 스스로 멱라수에 몸을 던져 투신함으로 생을 마감했다.

당시 초(楚)나라는 제(齊)나라, 진(秦)나라 등과 대립하는 상태였다. 굴원은 힘이 비슷한 제(齊)나라와 동맹을 맺어 강국인 진(秦)나라에 대항해야 한다는 합종설(合縱說)을 주장했다. 그런데 이를 간파한 진나라의 장의(張儀)라는 지략가가 연횡설(連衡說)을 가지고 초나라의 회왕과 굴원의 반대편 중신들을 꼬드겼다.

진나라를 적으로 경계하자던 굴원은 왕이 장의의 계략에 넘어가 실각했다. 굴원이 실각하자 초나라는 연횡설에 따라 제나라와 단교하였다가 진나라에 기만당하였다는 사실을 뒤늦게 알게 되었다. 격분한 회왕은 군대를 일으켜 진나라와 전쟁을 벌였지만 참패했다. 때문에 나라가 어려워졌다. 뒤늦게 후회한 회왕은 할 수 없이 굴원을 다시 등용하여 정사를 맡겼다.

다시 등용된 굴원은 진나라와의 화평조건으로 연횡설을 내걸어 초나라를 기만한 장의의 목숨을 요구했다. 장의가 자진하여 초나라의 인질이 돼서 왔다. 하지만 이도 장의의 계략이었다. 인질이 되어 초나라에 와서 굴원의 정적들과 내통하며 굴원을 몰아낼 계략이 그것이었다. 장의의 계략에 왕의 애첩까지 넘어갔다.

장의는 인질 기간 동안 초나라의 모든 약점을 파악하고 굴원과 정적들을 반목시킨 뒤 왕의 애첩에게 자신의 석방 탄원을 하게 했다.

제나라와의 합종을 위한 협상 때문에 사신으로 가 있던 굴원은 이런 사실을 알고 급거 귀국했다. 그리고 회왕에게 장의를 죽여야 한다고 진언했다. 하지만 장의는 이미 자신의 계략을 완성하고 왕의 애첩에게 내게 한 탄원이 통하여 이미 석방된 후 진나라로 돌아가 버린 뒤였다.

진나라로 돌아간 장의는 왕에게 화평을 명분으로 초나라 회왕을 초대하게 했다. 진나라를 방문한 회왕을 간계를 써서 죽이려는 것이었다. 이는 회왕 이후를 이을 왕권을 두고 장자와 막내아들이 반목하고 있는데다 이 반목은 회왕이 죽으면 나라를 망하게 할 것이라는 계산이었다.

이를 깨닫지 못한 왕은 진나라를 방문하려 하지만 굴원이 장의의 계략임을 알고 반대했다. 하지만 왕은 굴원의 진언을 거절하고 진나라를 방문했다. 그러나 장의의 계략대로 회왕은 진나라 방문 중 여각에서 객사했다. 외면적으론 객사였으나 실상은 독살이었다. 장의의 계략에 따라 여각에서 은수저에도 나타나지 않은 독을 사용했을 것이라는 설이 정설이다.

회왕이 진나라에서 객사하자, 왕위는 장남이 이어받았다. 그가 초나라 경양왕(頃襄王)이다. 등극한 경양왕은 회왕의 막내아들인 자란(子蘭)을 영윤(令尹: 재상)에 봉했다.

왕권싸움에서 밀려난 동생을 회유하기 위한 것이었다. 그러나 자란은 회왕이 굴원의 반대를 물리치고 진나라를 방문하도록 권유했던 왕자였다. 다시 말하면 장의의 계략에 걸려든 왕자였던 것이다.

굴원은 경양왕에게 자란은 아버지를 객사하게 한 장본인이라며 그에게 나라를 맡기는 벼슬을 내리면 안 된다고 강력히 진언했다.

결국 이 때문에 굴원은 또다시 모함을 받아 양쯔강 이남의 소택지로 추방되었다. 추방된 굴원은 귀양지에서 권력 무상과 정치의 협잡에 실망, 창사(長沙)에 있는 멱라수(汨羅水)에 투신하여 죽었다.

후일 굴원의 대표작으로 알려진 〈어부사(漁父辭)〉는 귀향지에서 굴원과 한 어부가 나눈 대화를 시로 남긴 작품이다. 어부사의 일부는 이렇다.

(전략)

屈原曰 굴원이 대답하여 말하기를,

擧世皆濁 我獨淸 온 세상이 다 혼탁한데 나 혼자만 깨끗하고

衆人皆醉 我獨醒 사람들 모두가 취해 있는데 나 혼자만 맑은 정신으로
　　　　　　깨어 있어서

是以見放 그만 이렇게 추방당한 거라오

漁父曰 이 말을 듣고 어부가 말하기를

聖人 不凝滯於物 성인은 세상 사물에 얽매이지 않지만

而能 與世推移 세상을 따라 변해갈 수 있어야 합니다.

世人皆濁 세상 사람 모두가 흐려 있다면

何不淈其泥而揚其波 어째 흙탕물 만들어 그 물결 더 높이 일으키질 않으며.

衆人皆醉 사람들 모두가 취해 있다면

何不餔其糟而歠其醨 그 술지게미 배불리 먹고 박주(薄酒)나마 마셔 두지
　　　　　　않으셨나요?

(중략)

屈原曰 굴원이 다시 말하길

安能以身之察察 어찌 이 깨끗한 내 몸으로

受物之汶汶者乎 저 더러움을 받을 수 있겠소?

寧赴湘流 차라리 상수(湘水) 물가로 달려 가

葬於江魚之腹中 물고기 뱃속에 장사지낼지언정

安能以皓皓之白 어찌 이 희고 깨끗한 내 몸으로

而蒙世俗之塵埃乎 세속의 티끌을 뒤집어 쓸 수 있겠소?

漁父 莞爾而笑 어부, 빙그레 웃고서는

鼓枻而去 乃歌曰 돛대 올리고 떠나면서 노래하기를

滄浪之水淸兮 창랑의 물결이 맑을 때라면

可以濯吾纓 이 내 갓끈 씻을 수 있고

滄浪之水濁兮 창랑의 물결이 흐릴 때라면

可以濯吾足 이 내 발이나 씻어보리라.

遂去不復與言 마침내 가 버리곤 그 뒤로 대화가 없었다.

이 시에 나오는 어부의 말이 오늘날의 정치에서도 진리로 들린다.

굴원 "어찌 이 깨끗한 내 몸으로 저 더러움을 받을 수 있겠소? 어찌 이 희고 깨끗한 내 몸으로 세속의 티끌을 뒤집어 쓸 수 있겠소?"

어부 "창랑의 물결이 맑을 때라면 이 내 갓끈 씻을 수 있고, 창랑의 물결이 흐릴 때라면 이 내 발이나 씻어보리라."

어부는 깨끗한 물도 쓸 곳이 있고 더러운 물도 쓸 곳이 있다고 주장한다. 이 어부의 말이 곧 지금 새로운 정치세력을 결집하려는 정치지도자들에게 필요한 말이다. 노선의 투명함과 선명함만이 최선이 아니다. 선거는 한 표를 이기는 싸움이기 때문이다.

새로운 정치는 국민을 위한 정치다. 좋은 정치도 국민을 위한 정치다. 국민을 위해 좋은 정치, 새로운 정치를 하고 싶은 정치인과 정치세력이라도 선거에서 이겨야 '화이트 판타지'를 공연할 수 있다.

어부사와 굴원이 얽힌 일화에서 사실상 굴원의 잘못은 없다. 굴원은 청렴했으며 당과 나라를 위한 충심이 강한 신하였다. 정적이자 간신배의 모함으로 귀양을 갔을 뿐이다. 하지만 굴원은 이런 고통과 압박을 이기지 못하고 자살했다. 정치인은 청렴해야 한다. 나라와 백성에게 충성해야 한다. 왕조시대는 왕권이 나라지만 민주공화제에선 백성이 나라다. 하지만 백성이 모두 옳은 것도 정치인이 모두 틀린 것도 아니다. 어부사에서 어부가 주장하는 말이다.

전체를 아우르기 위해서는 깨끗한 물도 더러운 물도 다 쓸 곳이 있음으로 정치지도자라면 응당 거기까지 감안해야 한다는 것을 어부가 주장했다. 속담에 "모난 돌이 정 맞는다."하듯 우리 정치권 지도자들이 명심해야 할 말이다. 독불장군은 생명이 길지 못하다.

7장. 마을 정치의 혁신이 필요하다

중앙 정치만 정치가 아니다

인도의 간디는 "나라를 살리려면 마을부터 살려야 한다."고 했다. 마을 살리기, 우리라고 하지 않는 것은 아니다.

매일 오후 6시 KBS는 〈6시 내고향〉이란 프로그램을 방송한다. 고향의 푸근함, 풍요로움, 따뜻함, 순박함에다 부유한 농촌이 방송의 모토다. 그래서 이 방송만 보면 우리네 농촌 마을에 사는 주민들은 모두 부유하고 행복해 보인다.

그런데 실상은 전혀 아니다. 연매출 1억이 넘는 부농은 전체 농가의 2.6%인 반면 월평균 40만 원이 소득인 농가는 전체 농가의 2/3가 넘는다.

통계청이 발표한 '2012년 농림어업조사 결과 보고서'를 보면, 농축산물 판매금액이 1천만 원 미만인 농가가 전체의 64.9%로 3가구 중 2개이고, 1억 원 이상인 농가는 2.6%였다.

농축산물을 1년에 1,000만 원 어치를 내다 팔았을 경우 순수익은 500만 원 정도이므로 전체 농가의 2/3가 월평균 수입이 40만 원이라는 것이다.

국민소득 2만 불 시대인 나라에서 아무리 농촌이고 노인들이라지만 월 소득 40만 원은 행복할 수 없다.

그런데도 이분들이 모여서 정치 얘기를 하면, 거의 매일 뉴스에서 여야 대치니 파행이니 하는 중앙정치 얘기다. 여기에 덧붙여지는 것은 당연히 정치인들 욕이다.

내 동네 마을 정치에 대한 얘기는 없다. 심지어 자기들이 뽑아 보낸 군의원이 무슨 일을 어떻게 하는지 관심도 없다.

마을 정치를 위해 마을에서 선거로 뽑아 준 기초의회 의원은 현재 직급 상 행정고시 합격자가 받는 사무관급 대우를 받는다.

9급 공무원으로 출발한 젊은이가 사무관을 달고 군청 과장이나 면장까지 나가는데 최소 20년이 걸리는데 줄 잘 서서 공천 받으면 사무관 대우 의원님이다.

대졸 젊은이가 행정고시라는 바늘구멍을 통과하기 위해서는 정말 자신 외에는 누구도 알 수 없는 피나는 노력을 하는데, 시골 졸부라도 '선거고시'에 합격하면 바로 사무관급 의원님이 된다.

마을 정치의 파행은 여기서 시작된다. 제도가 사무관급 대우의 기초의회 의원을 하고 있거나 꿈꾸는 사람들이 유권자를 보는 것이 아니라 자기보다 힘 센 사람만 보도록 하기 때문이다. 이들은 자기들을 공천했거나 해 줄 조직 상급자인 서울 여의도에 있는 국회의원만 바라보고 있다.

그래서 보스의 국회의원 당선을 위해 조직도 만들어야 하고 공무원과의 친분도 유지해야 된다. 심지어 보스의 조직 관리를 위해 평소 자기 돈도 써야 한다. 자기가 대변해야 할 주민들을 위한 활동보다 보스의 눈에 드는 것이 우선이란 얘기다.

선거고시 합격의 지름길은 혁신정치를 위한 공부나 봉사가 아니라 공천권을 가진 공천권자, 소속 정당 지도부나 공심위 위원에게 줄을 잘서야 한다. 마을 정치의 여의도 종속이다. 그런데도 유권자들은 그런 사람에게 표를 준다. 당만 보고 내려찍는다. 그러니 기초의원으로 당선되어도 마을 정치를 하는 것이 아니라 여의도 정치를 한다.

마을 정치를 혁신하지 않고 올바른 지방자치를 말할 수 없다. 초급 공무원이 사무관이 되는데 들이는 공력의 절반이라도 자신을 사무관급으로 만들어 준 지역 주민들을 위해 공력을 들이는 기초의원이 전체 의원의 반만 되어도 일단 개선의 바탕은 마련된다.

농촌 기초단체의 의원 수는 적은 곳은 5명, 많아도 10명 수준이다. 이들 중 최소 1/3만 단체장의 공무원 인사문제, 예산 전용 등에 깐깐한 눈으로 감시하면 단체장도 국회의원도 사사로운 인사나 예산 전용을 할 수가 없을 것이다.

그런데 현실은 기초의원이 같은 정당이라고 단체장과 짝짜꿍을 하고 웬만한 비리는 서로 눈을 감는다. 드러나면 소속 정당이 비토를 당하기 때문이다.

자신들을 공천해 준 보스에 누가 되기 때문이다. 이런 상태를 계속 방치하며 마을 정치의 혁신은 영원히 불가능하다.

그렇다고 정당이 다른 의원이 많아지면 혁신할 수 있을까? 그것도 아니다. 마을 정치가 중앙 정치에 종속된 현재의 상태는 마을 정치도 중앙 정치와 속성이 같다.

당적이 다른 단체장이 잘해서 인기를 얻으면 자기 당 후보가 다음 차례를 바라볼 수 없다는 조바심은 사사건건 단체장을 감시하고 뒷다리 걸기가 예사다. 이 또한 혁신은 아니다.

결국 마을 정치의 혁신이란 모든 초점이 주민들의 삶을 향상시키는 노력이어야 완성되는 것이다. 즉 유권자 우선인 마을 정치라야 한다는 거다. 기초단체장과 기초의원의 정당공천 배제는 이래서 매우 중요한 개혁이다.

3부

'화이트 판타지'를 향한 여정, 희망과 가능성

서장

구약성경 사무엘상 30장은 당시 법적으로 이스라엘 왕이었던 사울이 엄연히 존재하고 있었음에도 이미 다윗을 왕으로 섬기는 사람들이 더 많았던 시기에 다윗과 그 군대가 아말렉 군대와 치른 전쟁의 이야기를 담고 있다.

당시 사울왕은 다윗을 따르는 백성과 군대가 자신을 밀어내고 다윗을 왕으로 세우려 한다는 것을 알고 다윗을 죽이려고 했다. 다윗은 이런 사울을 피해 자기를 따르는 군대와 백성들을 이끌고 블레셋에 망명 중이었다.

하지만 블레셋 실권자들은 다윗의 망명을 달갑게 여기지 않았다. 하여 블레셋 왕에게 다윗을 쫓아내라고 줄기차게 진언하였고 결국 블레셋 왕은 다윗에게 블레셋 땅에서 철수할 것을 명령했다.

다윗은 할 수 없이 다시 사울왕의 힘이 미치지 않는 이스라엘 땅으로 되돌아 왔다. 그런데 그곳은 이미 이스라엘 민족의 또 다른 적인 아말렉이 군대를 동원 성을 초토화시키고 주민들 모두를 포로로 잡아간 뒤였다. 그래서 다윗이 자기 군대를 끌고 나타난 것을 보자 남은 주민들이 되려 다윗을 죽이려 들었다.

이유는 다윗이 군대를 일으켜 사울왕에 맞선 때문에 사울왕이 자신들을 지켜주지 못했고, 다윗 또한 자신들을 지켜주지 못했기에 아말렉에게 처참한 피해를 당했다는 것이었다.

결국 궁지에 몰린 다윗은 자신을 따르는 600명의 군대를 동원, 아말렉을 공격한다. 그러므로 이 전쟁은 다윗에게는 정말 질 수 없는 전쟁이었다. 즉 아말렉을 이기지 못하면 동족에게도 버림을 받고 죽을 수밖에 없는 절대 절명의 위기였기 때문이다.

그런데 다윗은 이 전쟁을 승리한다. 그것도 아주 대승을 거둔다. 아말렉인 주인에게서 버림받은 애굽 출신 종을 자기편으로 만들어 그에게서 적의 동태를 파악한 다윗은 그를 근거로 전술을 만들고 그 종의 인도로 적진을 염탐한 뒤, 적이 취해서 잠들어 있을 때 기습하여 이긴 것이다.

이 애굽 출신 종은 다윗을 만나기 전 아사 직전이었다. 애굽 출신으로 아말렉 사람의 종 생활을 했으나 전쟁에서 대승을 거둔 아말렉 사람들은 이 소년이 '밤낮 사흘 동안 물과 음식을 전혀 먹지 못할 정도'로 방기했다.

다윗은 이 소년을 중용, 그가 알려준 대로 작전을 세우고 실행했다. 아말렉이 전승의 기쁨에 취해 먹고 마시고 잠든 틈을 타서 공격하여 대승을 거뒀다.

반면 바로 전날 이스라엘의 한 지역을 초토화시킨 아말렉 군대는 자신들이 필요할 때 종으로 부리다가 필요가 없어졌다고 버렸다. 자기들은 먹고 마시면서 종 하나쯤이야 하고 방심했다. 그래서 그들은 '낙타를 타고 도망친 소년 400명 외에 피한 사람이 없었을' 정도로 참패를 당했다. 그들이 패한 이유는 자신들이 버린 애굽 출신 소년의 배신과 작은 승리에 취해 먹고 마시고 놀다 잠든 때문이다.

성경은 이 전쟁의 교훈을 이 점만 알려주지 않는다. 다윗이 아말렉을 치러 갈 때 함께 출발한 군대는 600명이었다. 하지만 이중 200명은 전쟁에 적극적이지 않았다. '피곤하다'는 이유였으나 실은 아말렉을 두려워한 때문이다. 다윗은 이들 200명을 두고 400명만으로 전쟁에 나섰다. 그래도 대승을 거뒀다.

대승 후에는 당연히 전승품의 분배가 있다. 다윗과 함께 전쟁에 참여한 400명은 따라오지 않은 200명을 전승품 분배에서 제외시키려 했다. 이들의 생각은 당시로선 아주 당연한 일이었다. 목숨을 걸고 전쟁에 참여한 사람들이 '피곤하다'며 참여하지 않은 사람들에게 자신의 목숨과 바꾼 전승품을 나눠주지 않겠다는 것을 막을 방법이 없다. 여기서 다윗이 이들을 설득한다.

성경에 나타난 기록으로 보면 다윗은 자신의 전승을 자신만의 능력으로 치환하지 않았다. 또 전쟁에 참여한 군인들만의 능력으로도 치환하지 않았다. 애굽 소년을 사로잡은 것, 작은 전쟁에 이겨 나태해진 적, 이 모든 상황을 '야훼'가 도와줬기 때문이라고 말했다. '야훼'를 앞세워 자기 군대와 백성들을 설득했다. 이런 설득으로 작은 전승품 분배 때문에 갈라질 민심을 모두가 하나 되도록 한 것이다

여기서 우리는 교훈을 얻어야 한다. 그것은 바로 승자독식 문화를 깨는 것이다. 나눔의 정치를 하므로 소수를 보호해야 한다. 그러나 지금까지 살펴 본 우리 근현대사에 나타난 정치역사는 작은 전승품에 연연하면서 무수한 반목과 분열을 거듭했다. 나눔의 정치가 아니라 승자독식 문화만 심화시켰다. 그래서 좋은 정치를 바라는 국민들에게 '정치는 나쁜 것'이란 인식만 남겼다.

일제가 패망하고 입헌공화국으로 건국된 대한민국 근현대사 70년, 이 짧지 않은 세월 동안 여러 차례 권력이 교체되었다. 민주주의의 정상적 방법인 선거에 의하기도 했으나 쿠데타와 민중혁명이란 헌정 중단을 통해서이기도 했다.

그때마다 정치인들이 국민에게 했던 약속은 숱하게 있었다. 하지만 특정인이나 특정세력이 최고 권력을 움켜쥐면 번번이 국민을 배반했다. 때문에 밀려난 쪽은 강력한 반대세력이 되어 이전투구를 거듭했다.

그러나 위 다윗의 사례를 보지 않더라도 성공한 민주주의 국가의 지도자들은 반대자나 반대정파를 정적으로 보지 않는다. 국민을 향해 자신들이 반대파보다 더 좋은 정치를 하겠다는 약속으로 지지를 얻어내는 포지티브 경쟁을 한다. 이것이 좋은 정치다. 상대를 죽이는 네거티브 정치가 아니라 상대보다 우월하다는 포지티브, 이제 우리 정치도 이런 전통을 세워 나가야 한다.

이런 전통을 정치인에게 맡길 것인가? 아니다 유권자가 견인해야 한다. 정치인이나 정치집단은 선거라는 치열한 전투를 치르면서 매 전투마다 승리에 혁혁한 공을 세운 공신들이 있다. 집단의 우두머리는 이들 공신들을 외면할 수 없다. 전리품은 그래서 늘 공신들 몫이다. 연대나 연합세력에게도 나눠 줄 전리품이 없다. 때문에 정치인 스스로 나눔의 정치, 소수배려의 정치를 할 수 없다.

　그러므로 유권자가 그들에게 그리 하도록 강요해야 한다. 그리 하지 않으면 안 되도록 해야 한다. 그것이 선거를 통한 심판이다. 낙하산이란 전리품 나누기를 했다가는 다음 선거에서 선택받지 못한다는 전통을 확실하게 세워 나가는 것이다. 어떻게 할 것인가? 지금부터 그 길을 제시한다.

1장. 좋은 정치, 유권자가 만든다

습관적 투표가 죽인 디트로이트

지난 해 미국의 대표적 자동차 도시인 미시간 주에 있는 디트로이트 시가 막대한 부채 때문에 재정적자에 시달리다 파산을 신청했다. 미국 지방자치단체 역사상 최대 규모의 파산 신청이었다.

당시 디트로이트 시의 비상관리인인 케빈 오어 변호사에 의하면 시의 채무가 180억 달러(약 20조 2,050억 원) 수준이며, 최대 200억 달러에 이를 수 있다는 것이었다. 디트로이트는 미국 자동차 산업, 나아가 미국 제조업을 상징하는 도시였다. 전성기였던 1950년대 인구는 200만 명으로, 미국 4대 도시였기도 했다.

그러나 일본 자동차가 미국 시장을 잠식하면서 완성차 업체는 물론 부품 회사까지 직격탄을 맞으며 자동차 산업이 쇠락의 길을 걸었다. 자동차 생산 공장은 물론 부품업체들이 몰려있던 디트로이트는 자동차 산업 몰락으로 도시 전체가 급격히 쇠락해 갔다. 파산신청을 할 당시 디트로이트 시 인구는 70만 명으로 줄었으며

2013년 말 기준으로 실업률은 미국 평균의 2배가 넘는 18.6%로 발표되었다.

디트로이트는 주민 83%가 흑인이다. 인구의 36%는 극빈층이다. 따라서 이 도시의 부동산 가치는 해마다 폭락했고, 시 정부의 세수는 매년 급격히 감소할 수밖에 없었다. 발표된 통계에 의하면 지난 5년간 재산세 수입은 5분의 1, 소득세는 3분의 1로 줄었다고 한다.

미국 최악의 실업률, 살인율도 미국 최악이다. 이런 치안환경이지만 매년 늘어났던 재정적자로 인하여 경찰은 계속 줄고 있다. 때문에 경찰 인력이 부족하여 지금 디트로이트 시민들이 신고 전화를 걸면 평균 58분을 기다려야 경찰을 만날 수 있다고 한다.

당연히 해결되는 사건은 고작 8.7%라는 수치로 우리로선 상상할 수 없다. 그럼에도 공원 107곳 가운데 절반은 문을 닫았고 가로등 40%는 불을 밝히지 못하고 있다.

주민들이 집과 건물을 버리고 떠나 주택 8만 채가 폐가로 변해 유령도시의 풍경을 보여주고 있다는 보도가 나오는 상황이다.

최근 발행된 〈월스트리트저널〉에는 "나는 무섭고, 짜증이 난다. 전속력으로 달리는 기차에 탄 것 같은 기분이고, 기차가 어디로 갈지는 아무도 모른다."는 시민 인터뷰가 실려 있다.

이처럼 지금 디트로이트는 사람이 살기가 어려운 도시가 되어가고 있다. 세계의 경찰국가라는 미국에서 파산한 지방정부의 종말이다. 정치가 그렇게 만든 것이다. 정치가 시민들의 밥줄을 끊은 것이다.

미국제일주의에 심취한 정치가들은 자국의 자동차 산업보다 태평양 연안 패권을 위해 일본을 동맹국으로 선택했다. 그 선택에 따라 전쟁 패망국인 일본을 암묵적으로 지원하는 정책으로 일관하다가 미국을 일본 자동차 천국으로 만든 것이다.

그런데도 흑인 인구가 압도적으로 많은 디트로이트 시민은 흑백이라는 이분법에 취해 무려 30년 가까이 능력에 관계없이 흑인시장만 선택했다.

디트로이트를 20년 간 이끈 흑인시장 콜먼 영은 1973년 아프리카계 미국인 최초로 디트로이트 시장이 된 뒤 20년 간 디트로이트 시장으로 있었던 사람이다.

아프리카 이민 후예인 그는 1973년 11월 시장 선거에서 근소한 승리를 거두고 흑인으로선 첫 디트로이트 시장이 되었다. 이후 1977년, 1981년, 1985년, 1989년 내리 5선을 하는 동안 매번 압승을 거뒀다. 그의 시정능력과 관계없이 그가 흑인이었기 때문이었다.

그러나 콜먼 영이 인구의 절대 다수인 흑인들의 지지에 힘입어 시장 선거에서 5선을 하는 동안 디트로이트는 계속 쇠잔해갔다. 그리고 지금 디트로이트는 유령의 도시가 되어가고 있는 중이다.

작년에 치러진 디트로이트 시장 선출을 위한 예비선거 투표율은 고작 17.96%였다. 이는 미국 예비선거 사상 최저의 투표율이었다. 그리고 이 선거에서 1974년 이후 40년 만에 백인 시장이 탄생했다. 백인 후보 마이크 듀건이 흑인 후보인 베니 나폴레옹을 55%대 45%로 꺾고 시장으로 당선된 것이다.

흑인 인구가 83%에 달하는 디트로이트에서 백인 시장이 탄생한 것은 삶을 거의 포기한 대다수 흑인 빈민들이 투표 자체를 포기한 때문인 반면 백인들의 압도적 투표가 있었다.

물론 이 또한 흑백에 따른 계급 투표이긴 하지만 이보다 중요한 것은 30년이 되어서야 흑인들이 계급 투표가 자신들의 밥그릇을 책임져 주지 않는다는 사실을 인지한 것이다.

대한민국 2대 도시로서 사실상 서울보다 생산성이 더 높았던 부산광역시는 1995년 389만여 명으로 최대치를 찍은 뒤 점차 줄기 시작하여 18년 만인 2013년 353만여 명으로 줄었다. 시 전체는 불황의 늪에 빠져 있는 가운데 인구는 계속 줄고 있으며, 현재는 한국 제2의 도시 자리를 인천에 빼앗길지 모른다는 소리가 나오는 중이다.

섬유, 고무, 기계 산업 등 굴뚝산업의 본거지였으나 인건비 상승으로 생산 공장들이 인건비가 싼 해외로 빠져 나간 것이 가장 큰 이유다.

그러나 부산광역시가 이렇게 되는 동안 시민들의 투표성향은 한 곳으로만 몰렸다. 유권자를 보지 않고 서울만 바라본 정치인들은 산업의 재편 과정에서 거의 손을 놓고 있었다.

지금 부산은 공황으로 내몰리고 있다. 그래도 선거 때만 되면 특정 정당 텃밭이란 말이 끊이지 않으며 유권자들은 그 말이 무색하지 않은 투표 성향을 보여주고 있다.

정치인과 유권자의 밥그릇

2008년 한미FTA 재협상 당시 미 하원 세입위원장은 공화당 소속의 데이비드 캠프 의원이었다. 그의 지역구가 디트로이트가 있는 미시간 주다. 오바마 행정부는 들어서면서 부시 행정부 당시 체결된 한미FTA에 대한 재협상을 강하게 요구했다.

미국의 강력한 요구에 밀린 한국은 노무현 정권 당시 한미FTA 협상에서 그나마 유리하게 얻어 냈다는 자동차 관련 협정이 재협상 테이블에 올랐다. 그리고 재협상 후 끝내 한국은 미국 측 손을 들어주고 말았다.

이는 미국 전체의 산업에도 막대한 영향을 미치는 산업이 자동차 산업이기도 하지만 오바마 행정부가 디트로이트의 상황을 이대로 방치할 수 없기 때문이었다.

그래서 의회도 세입위원장을 미시간 주 출신 의원인 데이비드 캠프에게 맡긴 것인데, 민주당 행정부와 공화당 의원의 합작이 성공적으로 이뤄진 것이다.

우리나라 국회의원들이 자신을 국회로 보낸 지역구 사정과 관계 없이 당론 투표, 보스 눈치 등에 따라 지역구 유권자들의 이익을 도외시 한 것과 매우 비교되는 사안이다.

이런 상황은 미국산 쇠고기 협상의 키를 쥐었던 막스 보커스 상원의원 예에서도 찾을 수 있다.

민주당 소속으로 상원 재무위원장을 맡고 있었던 보커스는 자신의 지역구 현안인 쇠고기 수입 문제에서 한국 정부를 가장 많이 압박했던 인물이다.

보커스는 미국의 쇠고기 생산 농가가 몰려 있는 대표적인 지역 몬타나 출신이다. 때문에 그는 한미FTA 협상이 치열하게 진행 중일 때 6차 협상 장소를 자기 지역으로 유치했다. 그리고 개막 때 일부러 쇠고기 생산업자들을 대동한 채 미국산 스테이크를 내놓으며 쇠고기 외교관을 자임했다.

미국으로서는 쇠고기 수출이 다른 품목에 비해 그리 크지 않음에도 한국이 미국산 쇠고기 시장의 40%인 8억 달러 가량을 차지하는 만큼 가장 공을 들일만한 시장이기 때문이다.

전보다 완화된 위생조건으로 미국 쇠고기를 수입해야 하는 우리 국민들에게 있어선 분명 편치 않은 압박이었지만 몬타나 주 유권자들에게는 자신들의 밥그릇을 책임지는 정치인이었다 봐도 과언이 아닐 것이다.

유권자의 밥그릇을 보는 우리 정치인들

지난 해 12월 31일 우리 국회는 막판 협상을 통해 쌀소득보전법을 통과시켰다. 80kg 쌀 한 가마에 18만 8천원을 5년간 정부가 보장해 준다는 법안이었다.

애초 농민들 요구는 23만 원이었다. 반면, 정부가 제시한 가격은 17만 원대였다. 농민들은 생산비에도 미치지 못한다고 반발했으나 여야는 18만 8천원으로 합의했다.

이 법안에 통합진보당 의원들과 도시가 지역구인 안철수, 송호창 의원만 반대하고 정작 쌀 생산이 주업인 농촌 출신 의원들은 찬성표를 던졌다.

정부 제시액이나 협상안이 자기 지역구 유권자의 요구 사안에 턱없이 미치지 못했음에도 국회의원들은 정부안을 지지하는 당론에 따른 것이다. 유권자가 자신의 정치 생명줄을 쥔 이익집단이라는 압박을 느꼈다면 있을 수 없는 일이다.

그래도 국회의원들은 당당하다. 텃밭을 장악한 특정 정당 공천만 받으면 선거 때 유권자들에게 '우리 편 남의 편'만 강조하는 것으로 당선된다.

이들에 현혹된 유권자들이 묻지마 투표를 하므로 정치인들이 유권자를 두려워할 이유가 없다. 미국 디트로이트 흑인들이 시는 계속 망해 가는데 흑인이라서 묻지마 투표를 하다가 망한 것과 전혀 다르지 않다.

광역의원도 기초의원도 시장 군수도 자신을 공천해 주는 당의 공천권자 눈치만 보지 유권자의 눈치는 보지 않는다.

그래서 임기 말, 턱없이 부족한 재정자립도에도 불구하고 자치단체 예산으로 관광성 외유를 당당하게 다녀올 수 있다. 그래도 부끄럽지 않고 두렵지도 않다. 유권자가 이익집단으로 전혀 힘을 발휘하지 못하고 있기 때문이다.

우리 유권자들은 이렇게 자신들이 무시를 당하면서도 지역 패권에서 벗어날 줄 모른다. 정치인의 부도덕한 현상이 언론에 보도되면 욕설을 내뱉는 것으로 끝이다. 그리고 투표 때는 '우리지역당'만 찍는다.

그것이 차라리 계급구조에 따른 것이면 또 좋겠는데 자신의 계급과 전혀 다름에도 그저 자기네 지역의 정당이라는 것만 중시한다. 자기들 밥그릇을 빼앗아가는 것인 줄도 모르고 관념적으로 그렇게 한다.

선거는 고위 공직자를 뽑는 고시다

유권자의 투표로 당선되는 국회의원 선거는 차관급 공직자를 뽑는 최종 면접시험이다. 유권자는 최종 면접장의 면접시험관이며 투표용지는 점수표다.

기초단체장은 고위공직자인 이사관급 채용 시험장이며 광역 단체장은 장관급 채용 시험장이다. 이런 시험장에서 유권자는 수험생에게 점수를 주는 투표지를 들고 있다. 모든 선거 고시의 최종 합격자를 결정하는 면접시험관이 유권자다.

기업의 경영자는 기업의 흥망성쇠를 함께 할 간부를 채용하는 면접장의 면접관으로 나섰을 때 '우리 편'이라고 채용을 결정하지 않는다.

유권자가 시험관으로의 임무를 제대로 수행하지 않기 때문에 선거로 뽑힌 공직자는 시험관이 두렵지 않다.

우리 국회는 농민이나 축산인들을 위한 특위를 구성하고 운영하더라도 특위 위원장과 위원들을 보임하면서 직접 당사자 위주가 아니라 당의 뜻대로 한다. 낙점된 위원장은 직접 당사자보다 정부나 대통령의 눈치를 먼저 본다.

행정부처 장이나 공무원들도 이런 사실을 익히 안다. 국회 특위라든지 위원장이 전문가가 아니란 것도 알고, 지역구 이익과 관계가 없다는 것도 안다. 그들의 행위가 정치적이란 것도 안다. 때문에 특위는 눈치 보기로 시간을 보내다 생색을 내는 것으로 종료된다.

국회 예결위도 마찬가지다. 2013년 국회 예결위원장은 새누리당 이모 의원이었다. 그는 교육계 출신으로 국가 전체 예산을 다룰 예산회계의 전문 지식인이 아니었다. 그런데 선수(選數) 위주와 감투 위주의 인선에 의한 낙점으로 예결위원장이란 막강한 자리를 맡았다.

무려 350조 원이 넘는 국가의 1년 예산을 다룰 위원회 위원장에 비전문가를 앉히는 배짱이 우리 국회의 배짱이다.

위원장만이 아니다. 예결위 계수조정소위, 양당 간사 등의 면면의 상당부분이 그렇다. 유권자나 국민 우선이 아니라 정치인과 당 우선이다. 정치인의 스펙 쌓기 우선이다.

대의제가 그나마 제대로 운용되기 위해서는 유권자의 의사를 대리한 대리인들이 자신을 대리인으로 세운 유권자 눈치를 보게 해야 한다. 유권자들 스스로 이익집단이 되어야 한다는 뜻이다.

각종 선거에서 후보자를 고를 때 유권자는 자신의 대리인 노릇을 할 후보자에 대해 대리인으로 잘 할 것인가를 봐야 한다.

하지만 우리 유권자들은 자기의 대리인을 잘할 수 있을 것인지가 아니라 후보자의 경력이나 겉만 본다. 이른바 스펙이다. 그래서 대리인 후보자들은 업적이라고 내세우는 것들이 죄다 길 넓히고

다리 놓고 건물 짓는데 예산 얼마를 가져왔다는 것뿐이다.

그러나 실상 이런 돈은 모두 유권자의 주머니에서 나간 돈이다. 그 사업을 통해 떨어진 떡고물도 정치인들 수중으로 들어간다. 따라서 토목 관련 SOC 예산이란 것을 가져왔다고 자랑하는 정치인을 인정하는 행태는 유권자들 스스로 자기가 먹을 밥을 정치인들이 먹도록 방치하는 것이다.

지금까지 우리 유권자는 시험관의 직무를 유기했다. 점수표에 정당한 점수를 써넣지 못했다. 그래서 나쁜 공직자가 판을 치고 있다. 좋은 정치를 원한다면 대리인 후보자들이 바뀌기 전에 유권자가 직무유기를 하지 않고 제대로 된 시험관이 되는 것이다.

지방선거가 더 중요하다

지난 2010년 지방선거에서 한나라당 오세훈 후보는 민주당 한명숙 후보를 간발의 차로 물리쳤다. 개표 내내 한명숙 후보에게 밀리다가 새벽에 투표함이 열린 강남지역에서 몰표를 얻어 0.6% (25,793표)를 이기는 박빙의 승부를 펼쳤다.

이 선거에서 오세훈 후보를 이기게 하는데 결정적인 역할을 한 지역은 강남 서초 송파 강동 등 강남4구였다. 이중 특히 강남구는 오세훈 몰표라는 말이 무색하지 않았다. 한명숙 후보가 얻은 표의 거의 2배에 가까운 표가 오세훈 후보에게 몰린 것이다.

그에 앞서 공정택 교육감의 '수월성 교육정책'을 지지하면서 그를 서울시 교육감으로 만들어 낸 지역도 강남구다. 정당 공천이 없는 교육감 선거 특성상 전반적으로 투표율 낮았음에도 도곡동 타워펠리스 유권자와 압구정동 현대아파트 유권자들은 높은 투표율을 보이며 공정택 후보에게 몰표를 던졌다.

소수의 부자들은 시위도 큰 목소리도 내지 않지만 필요할 때 자신들의 힘이 어디 있는지 투표를 통해 보여줬다. 그들은 투표가 자신들 이익 챙기기 방식이라는 것을 철저히 깨닫고 있어서다.

하지만 정작 정치를 통해 자신들 이익을 챙겨야 할 저소득층이나 젊은이들은 정치를 멀리하고 선거도 멀리한다. 가난하게 살면서도 그 가난이 모두 자기 책임이라고 생각하며 잘못된 정치를 방관한다.

노량진에서 대학 도서관에서 각종 고시를 준비하는 젊은이들도 마찬가지다. 컵밥을 먹으면서 코피 흘려가며 공부하고, 언 손 녹여가며 길거리에서 박스를 주워 생계비를 보태면서도 자신들의 투표를 통해 뽑히는 '선거고시 합격자'들에 대해서는 관심이 없다.

노량진에서, 암자에서, 신림동에서 수년간 피땀 흘려 공부하여 바늘구멍 같은 행정 외무 입법고시를 통과하면 사무관이 된다.

사법시험 합격자는 사무관급 대우를 받기도 매우 어렵다. 국민권익위원회가 6급 주무관으로 채용하겠다는데 변호사들 응시가 엄청나서 몇 십 대 일이었다는 뉴스, 부산시가 7급으로 보임하겠다는 공채 공고를 냈어도 응시생이 많다는 뉴스가 눈길을 잡았다.

사법시험 합격자와 로스쿨 졸업자들이 응시하는 변호사 시험을 통해 배출되는 변호사들만 1년에 2,000명 가까이 되는 현실이므로 임용되면 4급 서기관급인 판사와 검사직은 그야말로 또 다른 고시다. 희소성이 그만큼 떨어졌다.

그런데 현행법상 기초의회 의원의 보수나 직급은 사무관급이며 광역의회 의원은 서기관급이다. 이 공직자들이 '선거고시'를 통해 배출된다.

그 수가 2010년 지방선거 당선자를 기준으로 하면 기초의원 2,888명, 광역의원 761명, 도합 3,649명이다. 현재 치러지고 있는 모든 고시의 합격자보다 많은 수다.

이런 사실을 인지하는 유권자는 드물다. 자신의 투표를 통해 뽑히는 공직자에 대해 관심이 없다. 투표하는 유권자는 이들이 누군지 이들의 면면이 어떤지, 자신의 세금을 쓰면서 이들이 무엇을 하는지, 앞으로 또 4년 간 무엇을 할 것인지 꼼꼼히 살피지 않는다.

기권하는 유권자는 아예 무관심이 자랑이다. 자기의 주머니에서 알게 모르게 그들에게 지불되는 돈이 나가지만 그도 상관없다.

후보에 대한 정보라고는 투표 때 집으로 날아온 선거공보와 벽보 현수막이 전부다. 그 또한 꼼꼼하게 살피지 않는다.

내 삶의 근저를 책임질 골목정치의 책임자인 '지방사무관과 서기관'을 뽑아야 하는데 정보를 알려고도 하지 않는다. 그리고 투표는 소속 정당만 보고 한다.

정당을 욕하고 정치인을 욕하는 소리는 사람 셋만 모이면 난무하지만 정작 선거고시 합격자들은 자신들이 욕하는 정당이나 정치인들이 내려 보낸 후보들이다

오로지 '우리 정당'만 보고 묻지마 투표를 한 때문이다. 아무

평가 없이 전혀 고민도 없이 '우리 정당'에서 보낸 자들을 선택한다. 반대로 '남의 정당'은 욕하는 것으로 일관한다.

원자력 발전소 때문에, 송전탑 때문에 경찰의 폭력에 당하고 사람이 죽어나가도 선거 때면 또 찍어주는데 유권자가 무서울 일이 없다.

환자를 쫓아내고 병원을 폐쇄해도 또 찍어주는 유권자들인데 도지사가 유권자들을 무서워할 일이 없다. 유권자가 자기 밥그릇을 지키려는 이익집단이 되지 않으면 언제까지라도 이런 무시는 계속될 것이다.

반대로 유권자들이 자신들 이익을 위해 투표를 하면서 선거를 통해 나쁜 후보자나 정당을 걸러내는 시스템만 제대로 작동한다면 나쁜 정치인은 나올 수가 없다.

선거 때 선택해 놓고 바로 돌아서서 욕할 게 아니라 욕하지 않을 후보자를 선택해야 하는 이유다. 그것이 바로 유권자가 만들어내는 좋은 정치다.

'선거고시 합격자'를 최종면접에서 선발하는 권한은 유권자가 가지고 있다. 유권자는 자기 밥그릇을 지키는 이익집단이고 그 밥그릇을 채워 줄 대리인일 뽑는 선거고시 최종면접장 면접위원이다. 면접위원들 손에는 투표지란 채점표가 있다.

2장. 민중혁명? 힘은 시장으로 넘어갔다

1894 갑오년과 2014 갑오년

120년 전, 일본열도를 통일시킨 뒤 메이지유신을 단행한 일본의 군국주의 세력은 호시탐탐 대륙 진출을 노리고 팽창 일변도로 나왔다. 대륙은 청나라 말기 서태후의 악정과 관료들의 부패가 기폭제가 된 아편전쟁 그리고 이어진 산해혁명으로 급변상황이었다.

그러함에도 청나라 황조는 양무운동이라는 부국강병정책을 추진, 조선을 넘어 대륙을 넘보는 일본을 견제하려 했다. 이 상황의 조선은 일본과 청국에게 빼앗거나 빼앗기지 않거나의 중요한 요충지였다.

당시는 러시아도 급변상황이었다. 제정 러시아의 패망 원인인 나로드니키 운동으로 일컫는 인민주의 운동, 레닌 등의 공산주의 운동 세력 힘이 황권을 위협하고 있었기 때문이다.

이런 나라들 사이에 낀 조선은 대원군과 명성왕후의 권력다툼, 신료들의 권력탐욕에 얽힌 당파싸움, 이어지는 매관매직을 위한 부패, 이를 감추기 위한 관료들의 폭정이 이어진 가운데 이를 혁파하려는 개혁파 등이 얽혀 가닥을 잡을 수 없었다.

신료들은 친청나라파와 친일본파로 나뉘어서 권력투쟁을 하고 있었고 개혁파도 마찬가지였다. 이러니 민중들의 삶이 온전할 수 없었다.

향리들의 비리와 남형(濫刑)은 상상을 초월했다. 이때 전라도 고부군수 조병갑의 비리와 남형에 참을 수 없었던 농민들이 고을 한문선생이었던 전봉준을 필두로 봉기했다. 한때 욱일승천했던 이 세력은 끝내 전주성까지 함락시켰다.

이 봉기에 고종의 왕권까지 흔들렸다. 진압이 힘들자 고종은 외세를 끌어들여 진압했다. 조선에 진주한 일본군과 동학농민군의 마지막 전투였던 우금치에서의 수많은 희생과 함께 농민군은 패퇴했다. 그리고 이는 끝내 청일전쟁을 불렀다.

청일전쟁에서 승리한 일본은 강압적으로 친일파를 앞세워 대원군을 실각시키고 '갑오경장'이란 이름의 타의에 의한 정치개혁을 주문했다. 이듬해 을미사변으로 이어진 격변은 끝내 조선의 국권을 잃게 했다.

현재 한반도를 둘러싼 국제정세의 미묘함과 권력자의 부도덕 그리고 권력 아부자들의 끝없는 탐욕은 조선 말기를 방불케 한다. 특히 갈수록 벌어지는 계층의 차이는 하루하루의 삶에 기근이 든 하급 생활자들에게 끝없는 박탈감을 주고 있다. 120년 전과 매우 유사하다.

여기에다 120년 전에는 없던 동서 지역 간, 노청 세대 간, 좌우 이념 스펙트럼 간의 심각한 갈등에다 남북 간의 갈등과 대립까지 우리를 옥죄고 있다. 그러나 개인 한 사람 한 사람은 이런 문제들이 자신들의 삶과는 밀접하지 않다고 생각한다.

20대는 하루하루의 삶이 등록금 걱정 취업걱정이다. 30대, 40대는 비정규직이 1,000만에 가깝다. 이들에게 '파업하는 노동자들의 연봉이 몇 천이다'라는 말은 그 자체로 상대적 빈곤감 때문에 적대감을 갖게 한다.

따라서 2014년 갑오년의 민중봉기는 선거혁명이어야 한다. 민중의 요구를 제대로 말할 수 있는 것은 민중의 생각과 가까운 대리인을 세우는 선거혁명을 해야 한다.

지방자치제가 실시된 지 25년이다. 지금까지는 자기 마을의 기초의원 이름도 모르고 후보는 더더욱 모르는 선거였다. 당 깃발을 들고 낙하산만 타면 이기는 선거, 당의 실력자나 국회의원 등에게 줄 서는 후보에게 찍는 이런 선거였다.

이제 민중은 선거 항쟁으로 이 현상을 이겨내야 한다. 마을 정치부터 혁신할 후보를 찾아내고 독려하고 당선시키는 선거를 해야 한다. 정당이 아니라 유권자만 보는 후보를 당선시켜야 한다. 단 한 번만 이런 선거를 치러낼 수 있다면 여야 국회의원은 물론 정당과 대통령은 바뀌지 않을 수 없다.

지방 선거에서도 지역대결, 이념대결, 정치 폄하면 이길 수 있다는 생각을 하고 있는 기존의 정치권에게 제대로 된 경종을 울려줘야 한다. 지금 그 일을 해내지 못하면 상당기간 이런 정치풍토는 감내할 수밖에 없다.

실력자들이 지방 선거에서 낙하산 선거로도 지역대결 선거로도 이념대결 선거로도 언론을 이용한 정치폄하로도 이기지 못했다는 깨달음을 줄 수 있어야 한다. 그래야 저들이 다시는 역사의 퇴행을 기도할 수 없다. 그것이 우리 유권자에게 주어진 숙제다.

청와대의 실력자부터 여의도의 실력자들까지 이제 광장의 촛불은 두려워하지 않는다. 이미 힘은 삶을 지배하는 시장으로 넘어갔다는 것을 저들이 먼저 알고 있다.

촛불보다 선거로 지방 토호가 득세하지 못하는 나라를 만들어야 한다. 이 지긋지긋한 편가름을 선거를 통해 해결하는 전례를 만든다면 탐욕이 득시글한 근현대 대한민국 70년 지배세력도 바뀌게 될 것이다.

120년 전 1894 갑오년의 민중은 무기를 든 항쟁으로 왕권까지 흔들리게 했다. 120년 후 2014 갑오년의 민중은 선거로 정권에게 민중의 무서움을 보여줘야 한다. 그래야 이 혼돈의 시대가 끝나는 것이다.

적대적 공생의 타파

KBS가 주말 저녁에 방송하는 〈정도전〉이라는 드라마에서 주인공 정도전은 고려 말 권문세가로 악행정치를 일삼는 이인임에게 이런 말을 한다.

"저잣거리 백성들은 강한 고려보다는 저녁 밥상머리 따뜻한 밥 한

그릇 먹기를 원하고 있습니다."

이 말은 지금도 절실하다. 지금 백성들은 정치인들의 정치싸움보다 오늘 저녁 행복한 밥상을 원하고 있다. 따라서 지금은 지역이나 이념으로 하는 편가름 전쟁이 아니라 백성의 삶을 장악하는 세력이 최후의 승자가 될 것이다.

때문에 국민의 지지를 받기를 바라는 정치 세력이나 정치지도자는 지금이야말로 적극적으로 국민들을 지역분열과 이념과잉 분열에서 해방시키는데 나서야 한다.

지금으로부터 불과 10년 전만 해도 '지역감정'이란 말이 상시언어였다. 그러나 이제 '지역감정'은 '지역차별'이 되었다. 더 나아가 지역차별은 다수의 소수차별이라는 극단적 편가름으로 사회의 악이 되어 있다.

이념과잉, 우파 좌파 보수 진보 등의 논쟁도 그렇다. 이 논쟁은 이제 학술적 이념과 관계가 없다. 특정 정권에 찬성하느냐 반대하느냐로 바뀌었다.

지역차별 대결양상은 극단적 편가름이다. 이념과잉도 분열 상태를 넘어 극단적인 편가름으로 변했다. 이를 극복하는 것이 새로움이다. 이를 극복하려면 밥상 문제로 국민들의 시선을 돌리게 하는 발상의 전환밖에 없다.

야당 정치인들이 아무도 대놓고 말하지 못하지만 현재 전체 2,500만 근로자 10%인 250만 명의 고임금 근로자는 사실상 기득권층이다.

250만 고임금 기득권층은 민주노총, 한국노총같은 거대 조직을 갖고 있다. 이를 통해 약자 이미지로 자신들이 기득권층임을 가린 채 이 초특급 소수 특권층과 파이 나누기 싸움을 하는 것이 노사분규이며, 파업투쟁이다.

극소수 재벌총수 일가와 초특급 상위그룹은 자신들의 무한 권력을 지탱해 주며 고임금을 받는 임원진을 지배한다. 이들은 또 중앙부처 국장급 이상 고위 공무원, 재벌기업 부장급 이상 간부들을 지배한다. 이들이 국민 전체의 1%다. 이 지배사슬의 가장 아래인 고위 공무원과 재벌그룹 부장급이 250만 고임금 근로자들과 힘의 균형을 놓고 파이 나누기 싸움의 현장에 있다.

노사분규든 파업투쟁이든 이름이 어떻게 다르더라도 이 싸움의 끝은 특급 계층이 기득권층에게 일정한 양보를 하는 것으로 종료된다. 그러나 특급 계층은 자신들 것을 나눠주는 게 아니다. 그 피해는 재벌기업에 납품하는 하청업체에게 납품가 후려치기란 수법으로 전가된다. 1차 하청업체는 그 아래 2차 3차로 이어지는 영세 소기업, 재하청 업체로 자신들의 피해를 전가한다.

아래로 내려갈수록 단계별로 노동자들의 임금은 줄어든다. 이들은 노조도 없다. 고용계약서는 사치다. 그래서 해고는 일상이다. 그렇다고 영세기업 사장이 좋은 것도 아니다. 모든 손해를 감수하다가 못 견디면 도산한다.

결국 250만 기득권층 노동자들이 '투쟁'이라는 이름으로 나눠받은 파이는 이들 가난한 노동자나 업주에게서 빼앗은 것이 된다. 이들의 투쟁이 언뜻 보기에 정의로운 투쟁 같으나 실상은 자기보다 약한 층을 죽이는 것이다.

낙하산 인사를 반대한다는 명분으로 '투쟁'하던 공기업 노조가 언제인지 모르게 슬그머니 '투쟁'을 접는다. 낙하산이 조용히 임금 인상과 복지혜택 확대라는 당근으로 처우개선을 약속하여 이들을 잠재우는 것이다. 이후 공기업 노조는 고임금과 적절한 복지혜택을 어떤 죄의식도 없이 누린다. 권력자가 마음 놓고 낙하산을 투하할 수 있는 이유다. 그래서 지금 공기업 부실에 노사 공동책임을 말하고 있다.

현대중공업, 현대기아차를 비롯한 대기업 노조원들의 고임금은 이런 투쟁을 통해 이뤄졌다. 비정규직이 양산되어도, 파견근로자가 같은 일을 하면서 현저하게 적은 임금을 받고 있어도 이들 기업의 노조가 그런 문제로 사측과 대립하지 않는다.

비정규직이나 파견근로자 노조가 목숨을 걸고 투쟁해도 정규직 노조원들에겐 남의 일이다. 이들에게 자신들 성문이 열리면 자신들의 몫이 줄어든다는 생각이 우선이기 때문이다. 그래서 그들 스스로 성문을 굳게 닫고 있으므로 성문은 갈수록 열기가 어렵게 되어가고 있다.

대학에 시간당 몇 만원에 지식을 파는 시간강사들은 지금도 매우 흔하다. 그러나 시간강사들은 교수들이 걸어 닫은 성문을 열기가 어렵다. 시간강사들의 박봉과 고초에 교수들은 남의 일이다. 민주화를 위한 교수협의회도 이 문제는 적극적이지 않다.

참교육을 주장하는 전교조 교사들이 계약직 교사문제로 교육부나 사학재단과 싸우지 않는 것도 같다. 교사평가제나 임금 문제는 자신들에게 현안이지만 기간제 교사 문제는 현안이 아니다.

시간강사 처우가 개선되거나 고용이 보장된다면 자기들 몫이 줄어들 우려, 기간제 교사가 정규직이 되면 정년이 줄어들 우려가 그들에게 성문을 열 수 없도록 하는 이유다.

이를 감추기 위해 이들은 늘 투쟁의 명분을 내세운다. 자신들이 약자 보호의 방패막임을 내세운다. 그러나 정작 저들의 투쟁이 종료되면 이익을 보는 것은 그들 자신이다.

이들을 통칭 '강남좌파'로 부른다. 이들 '강남좌파'들은 자신들을 치장하기 위한 구호로 1 : 99의 논리를 사용한다. 자연스럽게 1%의 특권층과 99%의 보통 사람의 싸움으로 만드는 것이다.

이들일수록 겉으로는 삼성그룹을 비롯한 재벌들의 약탈적 경영을 비판하면서 자기 아들이나 친인척이 삼성이나 다른 재벌기업에 취업하겠다면 독려하고 취업에 성공하면 잘했다고 축하한다.

결국 그들의 투쟁은 거짓이다. 이제야 저들이 거짓된 행태가 드러남으로 다수의 가난한 사람들이 차라리 부자 정당을 지지하는 여론이 높은 것이다.

지금은 정확히 20% 대 80%의 싸움이다. 평균연봉 5,000만 원이 넘는 고임금 기득권층이 1%의 특권층과 하는 파이나누기 싸움을 투쟁이라고 분칠하지만 이것은 분칠일 뿐이다.

이 분칠 싸움에서 야당은 20% 기득권층을 편들고 여당은 1%의 특권층 편에서 경제가 죽는다고 편든다. 적대적 공생관계다.

서로의 얼굴에 분칠해 주기 시합이다. 이들의 분칠에 80%가 현혹되어 있다. 이게 진실이다. 좋은 정치는 이 분칠하는 적대적 공생관계를 깨는 것이다. 어떤 외피로도 보호되지 않은 80%의 일반 서민 대중을 위하는 정치가 좋은 정치다.

이미 기득권이 된 20% 안의 성안 사람들의 싸움에 다리 하나를 얹는 것이 아니다. 그들의 주장에 동참하는 것이 아니다. 전체 국민 80%인 자영업자와 비정규직, 연봉이나 연 수입이 5천만 원 이하인 보통 사람과 3천만 원 이하인 희망 없는 저소득 계층이 좋은 정치를 느낄 수 있어야 한다.

편가름 유지의 홍위병과 마중물

정치인은 텃밭론을 좋아한다. 다수와 맞서 싸우려면 확실한 지지 지역이나 지지층이 있어야 한다는 논리다. 그래서 이 텃밭론을 교묘히 이용하고 있다.

현재 정치권 여야를 막론하고 같다. 입으로는 지역정치 타파를 말하지만 실상은 지역정치 공고화가 더 좋다고 생각한다. 지역정치 공고화가 좋은 점은 선거가 쉽기 때문이다.

확실한 텃밭이 있어야 주도권을 잃지 않는다. 국회의원 20명이 되어야 만들 수 있는 교섭단체 제도 때문이다. 그래서 이 교섭단체 제도는 철폐되거나 5명 정도의 소수라도 교섭단체를 만들 수 있도록 완화해야 한다.

지역정치라는 편가름은 유권자를 위한 정치가 아니다. 정치인을 위한 것이다. 이 편가름이 지속될수록 유권자는 좋은 정치를 경험할 수 없다.

하지만 현 집권당에도, 또 집권당에 우호적인 세력 중에도 이래서는 안 된다는 사람은 많이 있다. 마찬가지로 야권에도 지금 같은 극단의 대립은 안 된다고 생각하는 사람도 많다. 다만 양측 모두 강경파 홍위병들에게 몰이를 당할까 두려워 풀숲에 숨어 있을 뿐이다.

정치인들이나 국민들 모두 어떤 언론에서 인터뷰를 하더라도 현재 지역정치 구도가 만든 극단적 편가름이 좋다고 공개적으로 말하는 사람은 없다. 그만큼 현 상황은 혁파되어야 할 상황이란 것은 인정하고 있다는 반증이다. 특히 정치인들 스스로도 그걸 피부로 느끼고 있다. 그런데 누구도 앞장서서 현상을 깨는 선도자가 되는 것은 두려워한다. '마중물'로 인정되는 것이 아니라 '반역자'라는 낙인을 받을 것이 두렵기 때문이다.

이 현상을 깨는 것이 우선이다. 이 틀을 깨야 한다. 특정인이 풀숲에서 나오더라도 홍위병들의 몰이에 휩쓸려 죽지 않도록 해줘야 한다. 홍위병들이 하는 몰이에 가담하면 안 된다. '반역자'가 아니라 '마중물'로 맞아야 한다. 그들이 실제로 '마중물' 역할을 할 수 있도록 해야 한다. 그래야 지역정치를 지탱하는 홍위병들의 '몰이꾼정치'가 없어질 것이다. 이 홍위병들이 없어져야 극단적 편가름도 해소될 것이다.

기초단체장 정당공천제란 파이

우리 유권자들은 자신들이 표로 뽑지 않은 장관이나 고위 공직자 등 벼슬아치들의 이름은 다 안다. 그런데 4년마다 자기 손으로 직접 뽑는 기초의원 광역의원의 이름은 모른다. 물론, 그들이 4년의 임기 동안 무슨 일을 했는지도 모른다.

모르는 것이 아니라 유권자들 스스로 관심이 없다. 모르는 것이 부끄럽지 않다. 관심이 없다고 자랑스럽게 말한다. 그러니 다음 선거에 출마하려는 후보들의 성향은 더더욱 알 수 없다. 알려고도 하지 않는다.

반면 현상을 깨기 위한 선도적 역할을 담당하려고 혁신을 주장하면 먼저 몰이꾼들에게 죽임을 당한다. 아주 작은 기초단체의 기초의원이라도 '반역자'란 홍위병들의 몰이가 시작된다. 그때서야 유권자들은 그들의 이름을 알게 된다. 하지만 그렇게 알려진 이름은 벌써 부정적 이미지다. 긍정적 평가보다 부정적 평가가 먼저 뒤따른다. 홍위병들의 노림수다.

실상이 이러므로 마을 정치나 생활 정치를 혁신하고자 하는 누구도 현상을 깨는 마중물이 되는 것을 두려워한다. 지금 첨예한 대립을 보이고 있는 기초단체장 정당공천 문제에서 확연히 드러나고 있다.

이 싸움은 지금 정당이나 출마자 개인 이익에서 좋은 제도가 무엇인지에 대한 싸움으로 변질되었다. 국민을 위한 싸움이 아니란 얘기다. 이 싸움의 결과도 답은 환하다. 현상은 깨지지 않고 정치는 답보상태이며 극단적 편가름은 더 기승을 부리게 될 것이다. 그리고 정작 선거에서 유권자들은 정당이 내세운 후보에게 투표한다. 악의 숙주가 바로 유권자들 자신이다.

유권자, 과연 두려운 존재인가?

좋은 정치는 정치인이 유권자를 두려워하는 정치다. 하지만 지금의 정치는 선거에 나갈 후보자들도 유권자를 두려워하지 않는다. 유권자도 후보를 알려고 하지 않는다.

유권자 스스로 높은 사람들에게만 관심이 있다. 그래서 그들 높은 사람이 낙점하면 좋은 후보라고 생각한다. 후보자들이 표를 받아야 하는 유권자보다 자신을 선거에 나가게 할 수 있는 보스에게 충성하는 이유다.

그래서 좋은 정치를 소비할 수 있는 자격을 가진 유권자는 상위 기관, 정당, 정치인들이 낙점한 후보자에게 투표하는 것이 아니라 자신이 스스로 고른 후보자에게 투표하는 사람이다. 이런 풍토가 정착되어야 마중물이 홍위병들의 몰이꾼 정치에 죽지 않는다.

그렇게 하려면 우선 우리 주변에 우리 마을을 혁신할 정치인이 누군지, 누가 가장 합당한 후보인지 알아내는 것이 중요하다. 그렇게 알아낸 후보에게 투표해야 한다. 우리가 흔히 말하는 스펙에서 밀리더라도 혁신을 위한 마중물이라면 마을 정치를 맡기는 혁명적 사고를 해야 한다.

이것이 정치인이 유권자를 두려워하는 정치다. 좋은 정치는 정치인이 유권자를 두려워해야 한다. 일시적 이벤트로 굽신거리는 선거는 이제 없어져야 한다. 15일 굽신거리고 4년을 떵떵거릴 수 있다는 생각을 하는 후보를 퇴치해야 한다.

텃밭, 우리편, 이제 마을 정치라도 여기서 벗어나야 한다. 정당이 텃밭이라고 믿고 내려 보낸 후보를 무조건 찍는 유권자는 절대로 후보자에게 두려운 존재가 아니다. 정치인에게 유권자가 두렵지 않다면 좋은 정치는 요원하다.

신품종을 새로 개발하는 것만이 능사가 아니다. 토양에 적응한 붙박이는 적응하는 순간 퇴화의 길로 들어선다. 텃밭 논리는 그래서 새로움을 추구하는 세력에겐 독이다.

붙박이나 텃밭 논쟁을 하는 측은 언제나 현상을 지탱하려는 측이다. 현상유지는 진보가 아니다. 좋은 정치는 현상을 타파해야 우리 곁에 나타난다.

3장. 직접민주제, 불가능한 제도가 아니다

앙시앙레짐 그리고 한국 21세기

2002년의 광장

"대~한민국! 짝짝짝 짝짝!"

2002년의 광장의 열기를 뒤덮은 소리였다. 당시 이 소리가 우리 사회에 끼친 보이지 않는 효과는 실로 경이롭고 두렵기까지 한 수준이었다. 이런 위대한 대중들이 길거리와 광장에 모이는 것은 분노의 표출로서 집회와 시위를 하기 위한 목적일 경우뿐이었는데 이 경이로운 결집은 희망과 열망을 담은 것이었다.

우리 사회에 2002년의 광장이 안긴 경험은 어떤 말로도 설명하기 힘든 "억압과 경직으로부터 곧바로 해방과 자유"로의 승화라고 해도 되었다.

"열망의 정신적 승화"라는 경험, 우리는 2002년에 그것을 경험했다. 이 경험은 국가의 통합을 이뤄내는 과정을 경험하게 할 수도 있을 것 같았다.

동과 서, 남과 북으로 갈라져 갈등을 일삼던 우리 사회에서 2002년의 사건은 역사적이고 혁명적인 대전환점이 될 수 있다는 얘기다. 2002년 광장의 열기는 인위적으로는 통제할 수 없는 열기였다. 그 엄청난 수준의 인파가 운집했음에도 질서는 자연적으로 유지되었다.

이는 모두가 공유할 수 있는 '승리'라는 하나의 이상이 있었으며, 그 이상은 하루하루 현실화되었고, 그 현실화의 경험을 통해 우리 대중들은 더 강한 충격을 받은 것이다.

'아! 할 수 있구나. 이뤄질 수 있구나!'

국가와 국민이 자존감을 회복하는 순간들이었다.

2008년의 광장

광장은 다시 하나의 열기가 장악했다. 광장은 그냥 작은 공간에 불과하였고 넘쳐나는 열기는 큰 길과 작은 골목골목까지 모두 채웠다. 도시 한복판이나 작은 공간마다 스피커를 들고 시민들끼리 자발적인 토론과 발표의 장이 마련되었는데 이는 스위스의 직접민주제인 '란츠게마인데'를 보는 듯했다.

그 국민들은 다름 아닌 2002년 길거리를 가득 메웠던 그들이었다. 2002년의 축제와 환희의 열기가 또다시 2008년 전세계적으로 유례가 없을 "민주주의 축제"를 연 것이다. 길거리는 차량이 통제되었고 사람에게 개방되었다. 질서라는 이름으로 하는 자발적 통제는 권력의 힘으로 했던 강제적 통제보다 더 잘 지켜졌다. 당연시 여겨오던 뇌피질 내의 억압 공간이 해방된 것이다.

시민들은 길거리를 자유롭게 활보하며 5월 초의 봄 공기를 만끽했다. 16차선의 광활한 공간에 몸을 내던진 그 해방감...

젊은 엄마들은 유모차를 끌고 나오고 거리 곳곳에서는 민주주의를 상징할 수 있는 온갖 퍼포먼스와 장난끼 가득한 기획들이 자발적으로 살아 움직였다. 온갖 해학과 조롱으로 대통령 이명박이라는 최고 권력자와 집권층을 희롱하기도 했다.

1997년 이전에 경험했던 폭력적 진압의 살풍경은 어디서도 보이지 않았다. 웃음과 재치가 넘쳐난 반면 닭장차와 전경에 대한 공포는 사라졌다.

체포되어 닭장차에 실려 이송되어도 그 자체를 하나의 즐거운 이벤트로 즐겼다. 이 열기는 관광 상품이 되었다. 실제 외국인들과 외국 언론들도 이 상황을 취재하기에 분주했다.

5월 초 늦은 봄의 밤공기를 촛불의 열기로 데우는 생면부지의 사람들을 위해 김밥을 100줄씩 뿌리는 사람도 나타나고, 초코파이도 나눠먹고, 생수 더미를 길거리 한 가운데에 두고, 이 군중들은 토론을 즐겼다. 살아 있었다. 2002년 그곳에 있던 바로 그들이 살아 있었다.

그러나 이 열기가 정치에서 할 수 있는 일은 없었다. 하루의 일과와 노동에 찌들어 피곤한 시민들을 길거리로 나서게 만든 2008년의 열기는 제도적 장치가 없으므로 무용지물이 된 것이다.

만일 촛불열기가 한창 고조되었을 당시 국민들에게 대통령을 탄핵할 수 있는 권한이 직접 부여되어 있었다면 어땠을까? 길거리에서 받아내던 그 수많은 서명지들에게 법적 효력이 부여되어 있었다면 어땠을까?

과연 그랬다면 이명박 대통령이 청와대 뒷산에 올라 아침이슬을
부르며 눈물을 흘렸노라고 말한 뒤 경찰력을 동원하여 물대포를
발사하고 컨테이너를 동원, 명박산성을 쌓을 수 있었을까? 그리고
이 열기를 죽인 뒤 언론들이 촛불시위의 배후를 밝히라고 할 수
있었을까?

2012년 10월의 광장

다시 그 광장에 10만 명이 운집했다. 싸이라는 한 대중가수의
공연이 그들을 그리로 모이게 만들었다. 그들은 또 열광했다. 하지
만 그 열기는 2002년의 열기와도 다르고 2008년의 열기와도 달랐
다. 한 가지 같은 것은 대중과 광장은 이제 분리시키기 힘든 시대
로 접어들었다는 사실 뿐이었다.

그래도 이들의 열기와 자유의 만끽 그리고 인위적이 아닌 자연
적 질서는 2002년과 맞닿아 있었다. 다만 열기의 초점이 '승리'가
아니라 '나를 표현함'이란 것만 달랐다.

2013년...

이번의 광장은 2008년과 2012년의 광장도 아니었다. 2008년
은 의사의 자유로운 표시에 대한 열망, 식탁과 2세를 지키려는
열망으로부터 터진 열기가 순식간에 해방감으로 만끽된 것이었
다. 그리고 그 해방감은 2012년의 열기에서 볼 수 있었다.

하지만 2013년의 광장은 해방감이 아니라 절박감이었다. 어쩌

면 1987년의 광장과도 같은 절박감. 그런데 이 절박감이 가져 온 열기는 2002년이나 2012년, 심지어 2008년과도 다르다. 열기가 해방감이 아니라 편가름이란 것, 이 편가름은 광장의 또 다른 모습이었다.

그런데 2013년의 광장은 이제 저마다 손에 들고 있는 상자 안의 CPU가 순식간에 모두가 단일한 정보를 공유할 수 있게 만들었다. 개개인은 여전히 독자적이고 편가름은 심해졌는데 그들을 하나로 묶어 주는 단일 매개체는 같았다. 그래서 같은 편끼리 매우 순식간에 모일 수 있게 되었고 그 매개체가 집단 지성으로 발전하거나, 맹목적 폭력집단의 군중으로 변모하기도 했다.

이제는 통제된 정보와 지식이 권력을 상징하던 시대가 아닌 것이다. 누구에게나 전문지식이 열려있고 누구나 서로의 정보를 공유할 수 있게 되었다. 그래서 광장은 우리에게 또 하나의 시대가 종식되었으며 새로운 시대가 열렸음을 알려줬다.

2013 광장의 열기와 2002의 열기에 대한 온도차는 확실하지만 통제된 정보와 특정한 이들만 공유하던 지식의 한계, 일방 하달 언론에서 쌍방 공유의 언론으로의 변화, 이제 확실히 새로운 시대가 열린 것이다. 한 마디로 또 하나의 '구시대'가 종식되었다.

프랑스 혁명은 왕정과 계급사회라는 구시대 질서, 앙시앙레짐을 타파하고자 했다. 앙시앙레짐. 지금 우리 사회에서 타파하고자하는 앙시앙레짐은 무엇일까? 경제는 양극화의 해결을 위한 경제 민주화다. 경제이론으로만 있는 노력과 능력에 따른 결과로 얻어지는 부의 획득이 요원한 사회, 이 앙시앙레짐을 타파하는 것이다. 경제민주화를 통하여 개인의 노력과 능력에 따라 자신의 삶이 풍요로워질 수 있다는 상대적 평등이 실현되어야 하는 "경제 유토피아 해방구"를 만드는 것이다.

정치에서 타파해야 할 앙시앙레짐은 제도의 틀에 갇힌 채 무기력하게 자신의 권한을 위임했던 대의제다. 이 대의제라는 명분으로 국민을 대표하려고 하는 특권의식이 앙시앙레짐이다. 오만하고 방자하고 탐욕스러운 사기꾼들이 선거기간이라는 며칠 동안 온갖 사탕발림과 비굴함을 온몸에 치장하고 미스코리아 경선장 같은 분위기를 만들다가 당선만 되면 국민은 안중에도 없는 정치현실. 이 앙시앙레짐을 타파해야 한다.

기속위임을 강제해야 한다

이제 패러다임이 변화했다. 대중은 더 이상 통제되는 것이 아니라 스스로 인내하고 자제할 뿐이다. 정보는 넘쳐흐르고 대중은 정보를 획득할 너무나 쉬운 도구를 지니고 있다. 또 획득한 정보를 분석하고 평가하기에 충분한 교육을 받아 왔다. 한마디로 지금까지의 다수 대중을 대표하던 '엘리트 대의제'의 시대는 종식되었다.

지금까지의 정치 제도인 간접 민주주의, 대의제, 의회제, 정당정치 체제는 선거라는 요식행위를 통해 뽑힌 대표들이 자신들을 서출해 주고 권력을 위임한 대중들로부터 자유롭게 권한을 행사할 수 있는 무기속 위임(無羈束 委任)이 그 본질이었다. 근대정치 60년 동안 국회의원들은 자기를 뽑아준 지역구 주민들의 의견을 무시하고 마음대로 정치활동을 할 수 있었다.

농촌 출신 국회의원이 농업을 죽이는 FTA를 당론이라는 이유로 찬성했다. 서민들이 많은 지역구의 국회의원이 사학들과 부자들을 위한 수월성 교육이 허가되는 교육법에 찬성했다.

국민을 위해 세금을 지출하기보다 자신들의 이익을 위해 뒷돈, 커미션이 많은 SOC 법률안을 먼저 처리하는 행위들이 가능했던 이유도 무기속 위임(無羈束 委任)이었다. 이런 것들이 우리가 타파해야 할 전형적인 나쁜 정치다.

국회의원들은 예산국회 마지막 날 지역구 예산 따오기라며 생색을 낸다. 그게 뒷돈, 커미션이 많은 SOC 사업예산이란 것 국민들은 잘 모르니까 그거 했다고 자랑스럽게 지역구 길거리에 현수막 걸고 자랑한다.

그렇다면 앞으로 지향해야 할 정치 개혁은 뭘까? 우선 대중은 '지배의 대상', '피지배자'가 아니고 '실질적 지배자'이며 '통치권의 배후세력'이란 것을 인정해야 한다.

대중은 사실상 정치에서 더 이상 자신들의 대표를 원하지 않는다. 이제 '대리'의 시대, '대변'의 시대를 인정하고 싶지 않다. 간단히 말해 광장의 정신으로만 보면 무기속 위임(無羈束 委任)의 시대는 종식된 것이다.

이제는 집단지성으로 시시각각 업그레이드 하는 대중이 직접 스스로를 통치하고자 한다. 다만 대의제가 존속 되더라도 위임을 맡은 그가 자신의 역할을 충실히 대신하도록 위임하고 싶어 할 뿐이다. 즉 국회의원이라도 대중의 의사에 따라 행동해야 하는 '기속위임'의 시대가 우리에게도 온 것이다.

이미 선진국 의회 의원들이 자신의 지역구 현안을 국가 현안에 맞춘 당론보다 우선하는 정치를 하고 있는 것이 그 증거다.

자기 지역구 쇠고기를 팔기 위해 한국 등 수입국을 방문하고, 수출입협상의 주도권을 행사는 것, 자동차 공장이 많은 지역구 의원은 쇠고기 때문에 자동차에서 손해 보지 않도록 자국 내 쇠고기 생산 지역구와 직접투쟁도 불사하는 것. 이게 바로 기속위임이다.

우리나라 대중들도 이제 이런 기속위임에 대한 대표자를 원하고 그런 정치를 하라는 요구를 하고 있다. 그것이 광장으로 나온 민중의 욕구다.

이른바 '안철수 현상'으로 대표된 새정치 열기에는 이런 국민들의 욕구와 희망이 자리 잡고 있다. 이대로는 더 이상 피곤해서 못살겠으니 기존의 정치판을 바꿔 달라는 것이다.

따라서 안철수 현상을 추구하는 새정치 그룹은 1960년에서 시작하여 1980년대에서 분출했으며 2002년 이후에 나타난 광장의 변화를 들여다봐야 한다. 더 이상 지금과 같은 무기속 위임(無羈束委任) 대표를 원하지 않는, 즉 '대리'의 시대, '대변'의 시대를 인정하지 않으려는 대중의 욕구를 담아야 한다는 얘기다.

실제 우리 헌법과 예하 법률, 법령들에 의해 지금도 엄존하고 있는 직접민주제 정신을 제대로 살려내서 이를 우리 사회에 구조화시킬 수 있는 시스템을 구현해야 한다.

국회의원이 형편없으면 자격심사를 해서 박탈할 수 있고, 소환

할 수 있는 제도의 정비와 일상화도 이뤄져야 한다.

법관과 고위 공직자도 언제든 부당한 행위가 드러나면 탄핵과 파면이 가능한 사회가 되어야 한다. 첨예한 논란이 있는 법안은 언제든 시민투표를 통해 시행 여부도 물을 수 있어야 한다. 이런 일들의 일상화가 이뤄지는 정치가 곧 좋은 정치다.

만약 이런 제도가 일상화되어 있었다면 4대강 사업이 강행될 수 없었을 것이다. 언론기본법이 강행 통과되어 지금 공해 수준으로 평가받는 종편들의 희희낙락이 가능하지도 않았을 것이다. 국가기관의 대선개입 의혹을 파헤칠 특검을 놓고 1년 내내 전쟁으로 나라를 시끄럽게 할 필요도 없었을 것이다.

좋은 정치는 지난 60년의 정치에서 '다름'의 극대화가 이뤄져야 한다. 주장만이 아니라 행동의 '다름'도 뒤따라야 한다. 그것은 국민 참여를 활성화시키는 것이다. 광장의 열기를 정치참여의 열기로 순환시켜야 한다는 거다. 그렇게 '화이트 판타지', 그 장엄한 막을 열어야 한다.

다수결에 대한 의문, 광장토론과 투표

우리가 채택하고 있는 민주제는 대의정치가 핵심이다. 그런데 이제 사회가 다변화되고 민권이 우선시되면서 모든 국민의 의사를 이 대의정치가 다 감당하지 못하고 있다. 대의정치는 다수결 원칙인데 다수가 소수를 보호할 수 없는 극단적 단점이 있기 때문이다.

민권 우선 국가에서 다수결에 밀린 소수가 보호될 수 없다면 민주주의 인권국가라고 할 수 없다. 소수를 보호하는 것 또한 민주주의 인권국가가 지향해야 할 목표가 되어야 한다.

따라서 다수결이라도 소수가 용납할 수 있어야 한다. 때문에 대의제를 택한 민주주의 선진국에서는 국민 의사가 첨예한 대립을 보이는 안건은 의회를 통과하는데 몇 년이 걸리기도 한다. 하나의 안을 도출하는데 과정이 그만큼 치열하다.

국민의 대의기관인 국회의원은 법이 보장한 개별 헌법기관이다. 법이 왜 이렇게 보호하는가? 그것은 의원의 모든 투표행위는 의원 개인이 행사하지만 자신이 대리한 유권자의 투표행위이기 때문이다.

선진 민주주의 국가는 의원이 안건 하나하나 표결 때마다 자신을 의회로 보낸 유권자의 뜻과 배치되지 않는지 철저하게 점검한다. 부득이 자신의 투표행위가 유권자들로부터 비판을 받게 되면 세심하게 해명하는 과정도 거친다.

현재 우리 사회가 직면한 문제 중 하나가 교육 문제다. 사람들이 가장 밀접한 고등학교 평준화와 대입제도다. 이로 인해 불거진 사교육과 수월성 교육 제도를 놓고 나타나는 양면이 현 우리 사회를 비추는 거울이다.

일단 이 사안은 계층 간 세대 간 대립이 매우 첨예하다. 사안마다 각자가 처한 위치에서 생각하는 바가 다르기 때문이다.

"교육은 국민 누구나 누려야 할 권리이므로 가난한 아이들에게도 동일한 기회가 부여되어야 한다. 그래야 교육을 통한 사회정의 실현이 가능하다." 이는 사교육을 법으로 제한해야 한다는 측의 주장인데 논리상 매우 합당한 주장이다.

그러나 사교육 자율을 찬성하는 측은 다르다. "교육도 개인의 경제적 형편에 따라 구매여부를 결정하는 단순상품일 뿐이다. 따라서 소비자의 주권에 따른 선택과 효율의 논리에 따라 움직여야 한다." 이 주장도 그럴듯해 보인다.

마찬가지로 특목고 및 자율형사립고 확대 제도 반대 측은 "평등교육의 근간인 고교평준화 제도를 뿌리째 흔들어 교육계급화, 고교서열화가 정착되므로 10대 때부터 계급구조 사회를 인식시키게 할 것"이라는 주장을 한다.

반면 찬성 측은 "개인의 학업능력이나 성취도는 분명한 차이가 있다. 이를 인정하지 않는 평준화 제도는 아이들을 저학력평준화로 몰아 버리는 것이다. 따라서 개인의 학업능력과 성취도에 맞춰주는 교육시스템은 필요하다."고 주장한다. 그리고 이런 양측 주장에서 접점은 없어 보인다.

이 대립을 푸는 것이 정치가 할 일이다. 그런데 우리 정치권은 이런 사안에 대해 유권자보다 자기가 소속된 정치 집단의 논리에서 한 치도 벗어나지 못한다. 가난한 사람이 많은 지역구 국회의원이라도 소속 정당이 수월성 교육을 주장하면 그 당론에 따라야 하고, 반대의 경우도 마찬가지다.

2005년 고려대 김경근 교수가 분석한 자료에 따르면 아버지가 전문 관리직일 때 자녀들 평균 수능점수는 부모의 직업과 위치에 따라 자녀의 수능성적이 계단식으로 나타났다. 교육 대물림이 직업대물림으로 이어진다는 주장의 근거가 나타난 셈이다.

그런데 이런 자료도 정치 안으로 들어가면 당파 싸움의 자료로만 사용되고 만다. 그리고 이렇게 싸우다가 관련 법률안을 처리하게 될 때 자기 지역구 유권자 이익이 아니라 당의 이익에 따라 투표한다. 특별하게 계층 간 첨예한 대립을 보이는 사안도 당론 안으로 숨어 버리는 것이다. 유권자를 상대로 정치를 하는 것이 아니기 때문이다. 다시 말하면 유권자가 이익집단임을 정치인들에게 각인시키지 못한 때문이다.

또 다른 첨예한 사회문제인 노동문제, 특히 비정규직 문제도 마찬가지다. 민주노총이나 한국노총 등 노동자 단체는 모두 비정규직 문제를 해결해야 한다고 정부에 요구한다.

하지만 이들일수록 스스로 실제 비정규직으로 고통 받는 당사자들의 아픔과 함께 하겠다는 실증으로 자신들의 성문을 열 생각은 없다.

앞서 언급했듯이 전교조가 기간제 교사 문제의 해결에 발 벗고 뛰지 않은 것, 민교협 소속 대학교수들도 시간강사 문제에 눈을 감는 현실, 심지어 대학 총학생회가 청소 노동자들의 파업에 동조하지 않은 것 등은 자신들의 성문을 열 경우 자신들 몫이 줄어든다는 인식을 먼저 하고 있기 때문이다.

사용자는 비정규직을 줄여 나가려면 정규직 노동자들이 일정부분 양보하는 탄력적 임금제를 해야 한다고 주장한다. 하지만 정규직 노동자들은 이는 임금 삭감 정책이므로 받아들일 수 없으며 사용자가 자신들이 받아 갈 이익을 줄여서 비정규직을 정규직화해야 한다고 주장한다.

양측 모두 실질적으로 자기 것을 양보하려 하지 않는다. 이 과정에서 손해를 보는 측은 직접 당사자다. 여기서 당사자인 비정규직 노동자들이 할 수 있는 일은 없다.

결국 이런 문제를 해결하기 위해 민중이 선택할 수 있는 것이 광장이다. 그러나 광장은 문제를 풀어 놓을 수는 있으되 해결해 주기는 어렵다. 이를 해결해 주는 것은 지금으로선 어떻든 정치가 유일하다. 좋은 정치가 필요한 이유다.

현재 우리나라 선거법은 만 19세부터 투표권을 행사할 수 있도록 하고 있다. 그러나 19세부터 20대 전체 투표율은 50대 이상, 특히 60대 이상의 연령층에 비해 현저하게 낮다. 거의 절반 수준이다. 때문에 선거로 당선되어야 하는 공직 후보자나 이 공직 후보자들을 공천한 정당은 이들의 광장 요구에 그리 무거운 무게감을 갖고 있지 않다.

대학 반값 등록금 문제가 지난 대통령 선거에서 첨예한 대립을 했어도 현재 정부는 그에 대한 공약실천에 어떤 행동도 없다.

반면 기초노령연금 문제는 뜨거운 화두였다. 현 여권의 주요 지지층이 노년층이므로 노년층의 비토는 현 여권에게 매우 두렵기 때문이다.

지금도 광장은 뜨겁다. 그 뜨거운 광장열기가 정치로 흡인되지 않은 이유는 대의제 정치에서 대리인을 뽑는 선거에 유권자가 참여하지 않는 때문이다. 이런 상황에서 직접민주제가 주장되어도 의미가 없다. 직접민주제가 활성화되더라도 이런 정도의 참여 열기론 유권자 집단이 해낼 수 있는 일이 별로 없다.

광장의 뜨거움은 일단 유권자 집단을 투표장으로 견인해야 한다. 광장 토론이 다수결에 대한 의문에서 출발한 것은 분명하다. 그러나 현재 우리 유권자의 참여 수준으론 광장토론으로 문제의 해결점은 찾을 수 없다. 해결점은 투표에 있다.

'란츠게마인데'와 스마트폰

스위스는 알프스 산이 국토의 거의 전부라고 해도 과한 말이 아닌 작은 나라다. 그런데 이런 나라가 또 통일된 언어를 쓰고 있지도 않다.

국가가 공식적으로 인정한 공용어만 해도 독일어, 프랑스어, 이태리어, 로만슈어 등 4개의 언어이고, 26개 칸톤(자치주)에서 쓰는 고유 부족 언어도 많아서 우리의 정서로 보면 통일국가라고 하기도 어렵다. 하지만 스위스는 엄연한 연방제 통일국가로서 세계의 중심으로 자리 잡고 있다.

1848년부터 20개의 완전 주와 6개의 반주(半州)가 의회주의적 연방국가로 통일한 후 연방의회는 200명이 정수인 입법의회와 각 주에서 1~2(완전주 2명, 반주 1명)명씩 뽑아 연방에 파송한 주 의회 의원(46명) 등 양원으로 구성되어 있다. 입법의회의 의원들은 4년마다 주 단위 선거에서 선출되며, 주 의회 의원들은 각 주에서

213

직접 선출한다.

국가의 수반은 매년 12월에 연방의회에서 새로 선출하는데 우리의 개념으로 보면 대통령도 수상도 아닌 어정쩡한 지위다.

연방정부를 운영하는 7명의 장관을 4년마다 각 주에서 선출되는데, 이를 연방의회에서 인준하면 결정되고, 이들 7명의 책임 장관들 협의체 의장 정도다.

이렇게만 보면 스위스 또한 대의제 민주국가라고 할 수 있다. 그러나 실상 이 의원들이 가진 권한이나 연방정부 책임 장관들이 가진 권한은 한국이나 미국 일본 같은 거의 100% 대의제를 채택한 나라에 비해 현격한 차이가 있다. 연방보다는 자치주의 권한이 더 막강하고 이 자치주의 권한은 주민이 직접 참여하는 직접민주제에 의해 결정되기 때문이다.

각 자치주는 연방 탈퇴와 각 주 사이의 정치적 동맹을 금지하는 등 연방 헌법에 규정된 것 외에는 완전한 주권을 행사하는데, 몇몇 주에서 실시하고 있는 '란츠게마인데'라는 직접민주 정치가 직접민주제의 꽃이라고 할 수 있다.

란츠게마인데라는 직접민주제는 4월 마지막 주나 5월 첫째 주 일요일에 주민들이 광장에 모여 거수로 주지사 등을 선출하고 칸톤 법을 표결하기도 한다.

이런 정치제도로 이뤄진 나라라서 세금도 칸톤(자치주) 단위와 연방 단위로 따로 내기 때문에 국민의 세금부담도 만만치 않다.

우리의 정서로 이해할 수 없는 구조이지만 이 나라는 2012년 통계로 국민소득이 8만 불에 가까운 전 세계 4위, 국민행복지수는 덴마크와 더불어 세계 1위 국가다.

그런데 이보다는 이 나라의 특징이 바로 지구상에서 거의 유일하게 주민이 직접 국가의 의사결정에 참여하는 막강한 권한의 주민투표제가 활성화되어 있다는 점이다.

이 나라는 연방의회든 주 의회든 자신들이 선출하여 보낸 의원들의 결정이 주민들에게 부당하다고 판단되면 시민들은 그 결정을 번복시킬 수 있는 권한이 있다. 시민발의와 국민투표(레퍼렌덤)가 그것이다.

시민발의는 시민이 필요한 법임에도 의회나 정부가 발의하지 않을 때에 일어나고, 국민투표는 정부나 의회에서 발의한 법안이 의회를 통과했으나 국민이 반대할 때 주로 이용된다.

특정한 법안의 시민발의는 18개월 동안 10만 명이 서명하면 가능하고, 국민투표는 100일 동안 5만 명이 서명하면 된다.

특정 법안에 시민이 불복하면 국민투표 제도를 통한 불복종 운동을 한다. 특히 법안 국민투표는 정부나 의회의 결정사항에 반대하기 위해 만든 제도로서 다양하고 광범위하게 시민들은 매우 자주 이용하고 있다.

이 제도는 스위스만이 가진 특장점인 역제안 제도가 꽃이다. 특정 사안에 대한 법안이 시민발의가 이뤄진 상태인데 정부나 의회가 절충한 안을 낼 때, 정부나 의회의 법안에 시민이 다른 절충안을 낼 때 이 역제안 국민투표가 시행된다. 즉 국민투표는 시민발의 원안과 정부나 의회가 절충한 두 가지 안에 대해 투표하거나, 정부나 의회의 원안과 시민 절충안에 대해 선택 투표를 하는 제도다. 국민이 투표로 정부나 의회의 법안이 좋은지 시민발의 법안이 좋은지 선택하는 것이다.

이처럼 스위스는 국민 모두가 정치인이다. 그래서 정치는 의회 뿐 아니라 길거리에서도 매우 자주 이뤄진다. 발의할 안건이 있는 사람은 그 안건을 가지고 길가는 사람을 붙잡고 서명을 요구하는 것을 보는 사례가 흔하다.

우리의 국민청원제와 비슷한 모습이지만, 국민청원제가 강제성이 없는 것과 다르게 시민발의제는 요건만 갖추면 강제성이 있는 점이 다르다.

더구나 헌법 개정, 국제조약 가입 등은 의무적 국민투표 사안이다. 특이한 것은 1984년 유엔 가입이 국민투표에서 부결되었다는 점인데, 이 안은 2001년에 가서야 시민발의로 가결되었다.

이런 다양한 주민참여형 직접민주제가 시행되므로 다소 엉뚱한 사례들이 나오기도 한다. 예를 들어 2009년에 입법화된 회교 사원의 지붕에 뾰족탑을 세우는 것을 금지하도록 하는 법안, 동물학대 금지를 위해 동물 측을 대리하는 변호사를 26개의 칸톤에 의무적으로 도입하자는 내용의 국민투표 제안이 그런 류다.

하지만 회교 사원 뾰족탑 금지 법안은 무슬림을 적대시하는 우파로부터 제안되어 투표자 57%의 찬성을 얻어 입법화되었고, 동물변호사법안 시민발안은 투표자의 70.5%가 반대함으로써 입법이 좌절되었다.

결국 이런 황당한 투표 이슈 때문에 국민투표나 주민투표 등의 투표율이 50% 대를 맴돌고 있으므로 과다한 비용을 이유로 들어

이를 제한해야 하다는 여론도 있다.

하지만 지금까지는 스위스 국민들이 스스로 자신의 행복한 삶을 위해 돈이 들더라도 그 비용을 기꺼이 부담하겠다는 생각을 갖고 있다. 이런 점이 스위스를 국민행복지수가 가장 높은 나라로 만든 원동력이었던 것이다.

직접민주제, 다른 것은 없는가?

오늘날 민주제를 채택하고 있는 나라들도 여러 형태의 직접민주제를 시행하고 있다. 우리나라도 마찬가지다. 우리 헌법도 직접민주제를 상당부분 담고 있다. 대통령의 국민투표 제안 건이 명시되어 있을 뿐만 아니라 공직자의 주민소환제도 인정하고 있다.

지난 번 오세훈 서울시장을 낙마시킨 무상급식 주민투표제 등이 이미 직접민주제 방식으로 치러진 주민투표 사례다.

그러나 직접민주제 활성화를 말하면 가장 먼저 과다 비용과 정치 과잉의 폐해에 대한 반론이 나온다. 또 극단적으로는 박정희가 종신집권을 노렸던 것처럼 권력자가 악용할 소지도 있다. 그래서 대부분의 사람들이 '직접민주제'에 거부반응이 있는 것도 사실이다. 그렇지만 현안을 보면 상황이 달라진다.

지난 노무현 정부 당시 극명한 홍역을 치른 한미FTA 협정 안이나, 이라크와 아프가니스탄에 전투부대를 파견하는 안, 심지어 방사능폐기물 저장수 문제로 지역을 떠나 전국을 시끄럽게 했던 부안 위도사태 등 만약 우리가 직접민주제를 자유롭게 시행하는 국가였다면 이런 문제들로 인한 국론분열로 나라가 시끄럽지도 않았을 것이다.

최근의 4대강 사업 폐해문제, 지난 정부에서 있었던 세종시 논란, 미국산 쇠고기 쿼터 관련 안, 언론기본법, 지금도 현안인 국가기관 대선개입 특검 법안, 시민발의가 법적으로 강제성이 있다면, 역제안 제도나 시민 거부권이 있다면 촛불로 광장이 달궈질 일이 없었다.

과다 비용 문제는 4대강 사업에 들어간 돈으로도 할 수 있다는 반론이 가능하다. 또 지금도 일상적으로 일어나는 집단 시위와 시위 진압에 필요한 의무경찰 전투경찰 보유 및 운용비용을 투표 비용과 비교하여 반론을 할 수 있을 것이다.

역사가 150년 된 스위스도 일단 투표일을 일요일로 정해 경제적 손실을 최소화하며, 일주일의 시간을 주면서 우편투표 활성화를 시도하고 있고, 최근엔 전자투표까지 도입했다. 때문에 투표율은 사안에 따라 70% 나오기도 하고 30~40%까지 내려간 것도 있다.

우리가 직접민주제를 하려고 한다면 지금처럼 꼭 특정한 날짜에 특정한 투표장에서 하는 제도가 아니라도 얼마든지 주민투표를 할 수 있다. 비용문제도 그리 걱정할 필요가 없다. 세계 최고의 IT강국이라고 자부할 정도인데 전 국민 전자투표 시스템을 개발하려면 단기간에 가능할 것이기 때문이다.

비록 말썽이 있었으나 이미 민주당과 진보당 등은 국민 참여 경선을 실시하면서 모바일 투표를 시행했었다. 이 방식을 국가가 시스템을 개발하여 준용하면 우리는 비용에 관계없이 정치권의 결정만으로 국민의 의사를 언제든지 물어볼 수 있다.

이미 스마트폰은 영상통화가 일상화되어 있다. 원격 지문인식도 실용화 단계에 있다. 때문에 진보당이나 민주당에서 문제가 되었던 대리투표 현상은 얼마든지 예방할 수 있다. 지금은 화상 원격진료까지 논의되는 시대다.

이 제도가 활성화된다면 앞으로 국민의 삶과 직접 관련되어 찬반세력의 엄청난 갈등을 겪을 수 있는 문제는 얼마든지 해소할 수 있다. 이런 제도가 활성화되면 촛불 저항이란 시민운동은 전혀 필요가 없게 된다. 결국 성숙한 민주제가 안착된 나라로 갈 수 있다는 얘기다.

또 하나의 길, 국민소환제

지난 해 정기국회 국정감사에서 한 의원은 국회 내 청소 등을 하는 비정규직을 정규직화 하면 파업 등 노동3권을 행사하게 되므로 안 된다는 발언을 해서 논란을 일으켰다. 그리고 우리는 이 논란을 통해 대의제에 대한 모순을 확실하게 알 수 있었다.

노동3권은 노동자들에게 주어진 기본적 권리다. 하지만 자본은 이 기본적 권리를 행사하는 노동자들이 부담스럽다. 그래서 어떤 식으로든 제약을 가하려고 한다.

그 때문에 정치가 필요하다. 정부가 필요하다. 정부나 정치권은 강자든 약자든 법을 준수하는 권리행사가 이뤄지도록 해야 할 의무가 있다.

자본에게는 노동자들의 권리보장을 요구해야 맞고 노동자들에게는 권리행사라도 탈법적으로는 하지 말라고 요구해야 하는 의무적 책임이 정부와 정치권에 있다.

그러함에도 국민의 대리인이 사용자(자본)인 국회사무처에게 노동자의 법적 권리를 제약해야 한다고 주문했다. 이는 법을 만드는 국회의원이 국가기관에게 법을 지키지 말라고 한 것이다. 논란이 커지자 그 의원은 이 발언에 대해 취지가 왜곡되었다고 사과했다.

그러나 모든 정황을 살피면 그가 국회사무처에 대고 노동자들의 노동3권 제약에 대한 발언을 한 것은 사실로 보인다.

그렇다면 그를 대리인으로 뽑아서 보낸 지역구 유권자들은 자신들의 대리인인 의원의 발언이 자신들의 발언임도 자각해야 할 필요가 있다.

인감을 맡은 대리인이 그 인감을 사용하는 것은 인감을 맡은 사람의 믿음 때문이므로 그 인감이 잘못 사용되었더라도 책임이 인감 주인에게 있음과 같은 이치다. 즉 대리인인 의원의 행동이나 발언, 국회에서의 투표행위, 의원활동까지 모두 그를 대리인으로 선택한 지역구 주민들이 한 것과 원리상으론 같다. 그래서 그 의원이 받는 비판은 동일하게 그를 국회로 파송한 지역구 주민들도 같이 받아야 한다.

하지만 현실적으로 전혀 아니다. 왜 현실적으로 아닐까? 앞서 피력했듯이 이들에게 위임된 권한이 무기속 위임(無羈束 委任)이기 때문이다.

현재 우리나라 대의정치는 특정인이 선거로 당선되어 부여받은 임기 동안 모든 정치행위를 자신의 뜻대로 해도 되는 무기속 위임 (無羈束 委任)체계다. 유권자는 단지 4년 후 선거에서 그가 다시 출마했을 경우에만 책임을 물을 수 있다.

따라서 대리인의 자율적 정치행위를 제어하려면 그 정치행위의 잘잘못을 유권자가 물을 수 있도록 하는 제도가 있어야 한다. 이것이 기속 위임(羈束 委任)이다. 법적으로 정치인의 행위가 그를 대리인으로 뽑은 유권자에게도 기속되는 기속행위라면 정치인이 지역구 유권자의 의사에 반한 정치행위를 할 수 없다.

그것을 강제하는 제도가 국회의원의 국민소환제다. 결국 이런 때문에 새누리당 정치쇄신특위 위원장인 박재창 숙명여대 교수도 국회의원 국민소환제를 도입해야 한다고 주장했다.

지난해 7월 1일 새누리당 여의도 당사에서 기자회견을 가진 박 교수는 국민소환제 도입에 대해 이런 주장들을 했다.

"국민이 국회의원을 직접 통제하고자 하는 욕구가 과거 어느 때보다도 커져 있다. 제헌헌법에 이미 국민소환의 근거가 있었고 지방자치법에도 주민소환제도가 도입되어 있다. 헌법상 국회의원의 임기가 4년으로 보장되어 있지만, 국회의원의 임기에 관하여 헌법상 입법자에게 광범위한 재량을 부여하고 있다. 3권간의 분립과 견제 및 균형 유지라는 측면에서도 국회에 의한 대통령의 탄핵은 상대적으로 용이하게 되어 있으면서도 국회의원에 대해서는 효율적인 소환제도가 마련되어 있지 않다는 점을 감안해야 한다." 또 "대의제는 국민주권론과 동열의 것이 아니라 국민주권을 실현하기 위한 수단 가운데 하나일 뿐이다. 국민의 기본주권은 선거 때만 한정된 것이 아니라 항상적 성질의 것이며, 따라서 대리인의 선출권 뿐만 아니라 소환권 과 해임권도 국민에게 있다고 보아야 한다."

이 논거는 틀린 곳이 없다. 그리고 이런 합당한 주장을 야당 인사가 한 것이 아니라 새누리당 정치개혁특위 위원장이 했다. 그러므로 어쩌면 지금 새누리당 소속의 그 의원 같은 이는 속이 뜨끔할 수도 있을 것이다. 그의 지역구 유권자들이 민주적 투표 성향만 갖고 있다면 이번 발언 하나로도 소환대상이 될 수 있기 때문이다.

국민소환제가 아니라 다음 선거를 걱정하기라도 하면 그럴 수 있을까? 이 의문은 또 민주주의 근간인 선거를 통한 대의정치 전반까지 이른다. 그래서 이들을 선택했던 지역구 유권자들은 정치를 좀 더 심각하게 볼 필요가 있다.

그리고 이는 비단 이들 지역구의 유권자만이 아니라 전국 어디의 유권자라도 다 마찬가지다. 자신들을 대리한 대리인이 자신들의 뜻에 맞는 의정활동을 하고 있는지 되돌아 볼 필요가 있다는 말이다. 이젠 정말로 보스나 정당이 아니라 자신들을 대리하라고 권한을 맡긴 유권자를 보는 정치를 할 제대로 된 대리인을 뽑아야 할 때다.

4장. 문화로 보는 정치

시대는 문화가 말한다

시대가 수상하면 문화가 그 징조를 알린다. 지금 MBC나 KBS 의 뉴스와 보도 프로그램은 이미 시청자들의 눈밖에 난지 오래다. 심지어 MBC는 뉴스 신뢰도에서 JTBC에도 밀려 3위로 떨어지는 수모를 당하고 있으며 메인뉴스의 시청률은 5%대라는 참담한 성 적표를 보여 주고 있다.

하지만 그렇다고 이것이 다는 아니다. 어용들이 판치는 세상이 지만 조용히 소리 없이 '여기 우리 살아 있습니다'를 알리는 징조들 은 있다. 문화가 그렇다. 그 문화 안에 있는 드라마를 통하여 그걸 전하고 있다. 이 글은 공교로운 시기에 한꺼번에 등장하여 국민들 을 깨우는 드라마와 영화에 대한 이야기다.

기황후

현재 MBC에서 월화 드라마로 방영 중인 이 드라마는 방영 전부

터 역사왜곡이라는 비판을 들으며 시작되었다. 이 드라마는 고려
말 원나라에 공녀로 끌려가서 원나라 황후가 되는 여성의 성공기
를 그리는데, 현 대통령 박근혜가 여성임을 빗대면서 여걸을 빛내
기 위해 역사도 왜곡하는 드라마를 방영하려는 MBC의 어용 행각
이 아닌가 하는 비판이었다.

그러나 방영 시작과 함께 시청자들의 눈을 사로잡은 이 드라마
는 지금 전체 드라마 시청률 순위에서도 최상위권이다. 월화드라
마로는 타 방송의 추종을 불허하는 시청률로 승승장구하고 있다.
이는 역사왜곡 논란과 상관없이 일단 드라마로는 성공하고 있다는
증거다. 탄탄한 대본에 알찬 연출, 출연 연기자들의 호연도 그
성공에 한몫하고 있다.

그런데 이 드라마는 제작 의도가 어떻든 드라마 대사를 통해서
종종 매우 의미심장한 화두를 계속 던지고 있다. "죄는 짓는 것이
지만 죄인은 만들어지는 것" 같은 대사는 가슴을 찌른다. 애초
제작배경이 여걸의 성공을 그려 여성 대통령에게 점수를 따겠다는
것이었는지 아니면 절대 권력의 몰락은 어떻게 시작되는지를 알려
경각심을 주겠다는 것인지 모호한 지경에 이르렀다.

이 드라마는 원나라 내부의 권력 투쟁과 고려의 독립을 바라는
왕자의 고독한 투쟁, 그 와중에 공녀로 끌려간 고려 여인 기승냥이
갖은 난관을 뚫고 황제의 후궁이 되어 펼치는 활약이 지금 한창
그려지고 있다. 이 과정에서 권력자의 속성, 간신배의 속성, 피지
배자의 고통을 매우 적나라하게 보여준다. 거기다 권력 1인자 연
철로부터 진정한 왕권을 회복하려는 어린 황제 타환의 좌충우돌

등이 그려지면서 더욱 흥미진진했다.

더욱이 권력을 향한 인간의 본성은 최고 권력자 연철의 딸인 황후 타나실리의 행보에서 더 잘 나타난다. 아버지 연철의 권세를 등에 업고 황제인 타환 앞에서도 기죽지 않으며 시어머니인 황태후도 업신여기고, 업둥이를 자신이 낳은 아들로 하기 위해 업둥이를 데려온 승려들을 모두 죽이는 패륜도 저지르는 여자가 타나실리다.

업둥이임에도 자신이 낳은 아기로 자신의 아버지도 오빠도 실제로 황제도 속이면서 그 업둥이에게 왕위를 물려받게 하겠다는 욕심은 그녀가 후궁들이 임신할 수 없게 하기 위해 억지로 탕약을 먹이는 등 악행까지 저지르고 있다.

하지만 타나실리는 길거리에서 참형을 당한다. 그녀의 모든 악행이 가능하게 작용하는 그녀의 부친인 절대 권력자 연철이 반역자로 잡혀 몰락한 때문이다. 연철이 몰락하자 타나실리만이 아니라 그의 자식들, 그를 통하여 호가호위하는 간신배들도 모두 몰락했다.

이 과정에서 고려 여인 기승냥과 고려왕자 왕유는 혁혁한 공을 세웠다. 하지만 지금 드라마는 그들이 고려인이라는 것 때문에 원나라 순수 혈통을 중시하는 황태후와 연철 후임으로 대승상이 된 백안 세력에게 견제를 당하면서 권력을 놓고 물고 물리는 혈전을 거듭하고 있다. 하지만 이 드라마가 말하고자 하는 메시지는 간결하다.

불법과 불의를 담은 권력은 악한 권력이며 이런 권력은 쉽게 무너진다는 교훈 그리고 무너진 뒤 회복할 수 없다는 교훈이 그것이다. 또 불법과 불의한 권력자를 무너뜨리기 위해서는 그만한 힘도 보유해야 하고 동맹을 맺는 우군도 있어야 하며, 치밀한 작전도 가미되어야 한다는 교훈이 그것이다.

따라서 이 드라마가 우리 정치에 던지는 숙제도 분명하다. 특히 권력층은 불법과 불의한 세력이라고 주장하며 새로운 세력으로 권력 지도가 바뀌어야 한다는 세력은 그렇게 하기 위해 무엇을 어떻게 해야 하는지 알려 준다. 또 권력자는 권력을 가진 층에겐 백성을 위한 권력행사라야 오래 간다는 진리도 알려준다. 드라마 한 편이 던지는 메시지로도 이처럼 많은 것을 알 수 있다.

정도전

고려를 무너뜨리고 조선을 건국한 이성계는 고려 중앙 조정에서 높은 벼슬을 하기가 어려운 집안의 자제였다. 부친 이자춘이 원나라 천호(千戶)라는 지방관이었기 때문이다. 쉽게 말하면 이성계는 귀화한 원나라 관리의 아들이었다는 얘기다.

그렇다고 이성계의 혈족이 여진족이거나 정통 몽골계는 아니다. 그의 혈족은 순수한 배달민족 혈통이다. 그런데도 이성계의 조부와 부친은 원나라 지방관이라는 관직을 지낸 지방호족이다. 그 이유는 이렇다.

전라도 전주에서 향리를 지낸 이성계의 고조부가 원나라가 중원을 장악했을 때 북쪽 철령 이북으로 이주했다. 그리고 이주 후

원나라 쌍성총관부 산하의 고려인과 여진족이 섞인 땅을 통치하는 세력가가 되었다. 고려인이 원나라로 귀화하여 고려 인접지역을 불하받아 관할했다고 보면 된다. 그 세력이 조부를 거쳐 아버지인 이자춘까지 이어진 것이다.

그런데 고려 공민왕의 고토 회복 정책에 따라 이 지역을 고려가 탈환한다. 이때 동북면지방의 실력자였던 이자춘이 원나라 편이 아닌 고려 편에 섰다. 이 때문에 고려의 고토 회복 전쟁을 승리로 이끌 수 있었다.

고토가 회복되자 이자춘은 공을 인정받아 고려 관직인 삭방도만호 겸 병마사로 임명되면서 다시 고려의 관리가 된다. 이자춘으로 보면 증조부 시절 귀화했던 혈통이 다시 고려 국적을 회복한 셈이다. 이런 전력의 가계인 이성계가 고려 조정에서 고위관직을 받을 수 없는 것은 자명한 일이다.

이성계의 가문은 이런 복잡한 이유로 자력갱생이 가능한 가병과 식솔 토지를 갖고 있었다. 오랜 세월 북방 지역 실력자로 원나라와 고려 사이에서 줄타기를 해야 했기 때문이다. 즉 언제든지 상황이 벌어지면 동원할 수 있는 탄탄한 사병조직과 인맥 그리고 상당한 경제력도 겸비하고 있어야만 했다는 얘기다.

여기에 이성계는 뛰어난 무예도 소유하고 있었다. 이를 바탕으로 이성계는 고려 말 어지러운 상황에서 여러 차례 원나라와의 전쟁에 큰 전공을 세웠다. 또 여진족이 일으킨 난을 제압했다. 그래서 고려도 이성계에게 그의 부친 이자춘에게 내렸던 벼슬인 삭방도만호 겸 병마사직을 그대로 내렸다.

이후 이성계는 고려 조정의 명령으로 삼남지방을 침범하는 왜구를 물리치는데도 큰 공을 세운다. 이로 인해 출신의 갭을 딛고 고려의 중앙 정부에서 상당한 실력자가 된다.

　하지만 이성계로선 도저히 넘을 수 없는 벽이 있었다. 변방지역 출신이라는 꼬리표, 귀화인이란 꼬리표가 그것이다. 이 때문에 오랜 세월 중앙조정에 뿌리내린 막강한 권문세족들에겐 하찮은 존재로 보일 수밖에 없었다. 그래서 권문세족들이 이성계를 호칭할 때 '동북면 촌놈'이라고 했으며 승전의 공로로 관직이 하사될 때마다 '출신이 의심스러운 귀화인에게…'라는 반론이 제기되었었다.

　이런 혈통적 약점을 지닌 이성계를 포용하고 관직을 얻을 수 있도록 해준 이가 최영이다. 최영은 이성계의 무예와 용맹함이 고려에 필요하다고 보고 그를 과감하게 안았다. 특히 무장인 최영은 이인임 등 문벌들의 이성계 경계의 탄탄한 방패막이었다. 그래서 이성계에게 최영은 넘을 수 없는 산이었다.

　그런데 당시는 고려의 내정만이 아니라 국제 정세도 혼돈기였다. 원나라가 북원으로 물러났다가 아예 몽골 땅으로 패퇴하고 중원에는 명나라가 세워졌다. 중원을 통일하고 새로 들어선 명나라 조정은 공민왕이 회복한 철령 이북의 땅, 즉 원나라 쌍성총관부가 있던 땅을 자기들 소유라며 고려에 반납을 요구했다.

　이에 고려 우왕과 최영은 차라리 요동 땅을 아주 정벌, 확실한 고려 땅으로 취할 정책을 세웠다. 그러나 이성계는 반대했다. 그 지방 출신인 이성계로선 농번기와 겹친 우기 때문에 대군이 참여

하는 전쟁은 어렵다는 논리를 들었다. 그래도 우왕과 최영은 요동
정벌을 실행에 옮겼다.

결국 이성계가 우군도통사가 되어 좌군도통사 조민수와 함께
요동정벌에 나섰다. 하지만 위화도에서 큰 비를 만난 군대는 더
이상 진군할 수 없었고, 애초 이 전쟁을 반대했던 이성계는 조민수
에게 설득 당해 회군한다.

하지만 그대로 돌아가면 조정에서 책임을 물어 실각할 것이 뻔
했다. 그래서 요동정벌을 위해 나섰던 대군을 개경으로 끌고 가
쿠데타를 일으켜 버린 것이다.

이성계의 쿠데타는 성공했고 자신을 가로막고 있던 태산과 같은
존재, 최영을 제거했다. 이 드라마를 제작한 KBS의 목적이 여기
에 있지 않았는지 모르겠다. 드라마로만 보면 이성계의 쿠데타는
당위성이 있었기 때문이다.

국력이 쇠약한 나라의 무능한 제왕, 그 쇠약한 국력을 알면서도
왕실과 사직의 보존이라는 명분에 집착한 충신, 이들의 오판 때문
에 죄 없는 백성이 군인으로 징집당해 죽어가야 하는 현실... 드라
마는 이성계의 쿠데타가 이 불합리한 현실에 대한 항거로 일어난
불가피한 일이라는 것을 곳곳에 장치하는 연출기법을 보였다.

이 쿠데타를 지지한 신진사대부 그룹 선봉에 정도전이 있었다.
22살 때 과거에 급제하고 충주사록에 임명되면서 관직 생활을
시작한 정도전은 당시 고려의 실력자 이인임의 전횡에 정면으로
반기를 들었던 사람이다. 이 때문에 이인임과 잦은 충돌을 하였고
결국 전라도 나주에 속해 있는 회진현으로 유배되었다.

그런데 정도전은 유배지에서 백성들의 향리들의 축재와 남형을 목격했으며, 이 때문에 처참한 삶을 영위하는 백성들의 현실도 목도했다. 성리학을 공부하여 권문세가인 이인임에게 대들 정도로 정의감이 있었던 정도전은 이런 현실을 목도한 뒤 백성을 위한 정치를 해야 한다는 의식을 키웠다.

이후 유배가 해제되면서 다시 관직에 오른 정도전은 전의부령, 성균쇄주 등을 지낸 다음 당시 고려 군부 실력자가 되어 있던 이성계의 추천으로, 성균관대사성에 올랐다. 성균관의 책임자가 된 것이다. 사대부들의 교육을 책임진 자리에서 자신의 신념대로 고려왕조의 전복을 꿈꿨다. 우왕 폐위가 논의될 때 사직을 지켜야 한다는 정몽주와 맞서서 "왕이 아니라 백성의 피를 빨아먹는 도적"이라고 고려의 우왕을 지칭할 정도였다.

그런데 이 드라마는 이성계의 회군과 쿠데타를 정도전이 기획한 것으로 그린다. 물론 드라마의 제목이 정도전이고 주인공이 정도전이므로 드라마 기법상 그리할 수 있다. 그러나 실제 일어난 역사적 사실과 남겨진 기록이 그대로 일치할 수는 없다. 특히 드라마는 사료 그대로를 고증할 수 없다.

더구나 역사의 기록은 언제나 승자의 기록이다. 그래서 우리는 사료 곳곳에서 이성계의 쿠데타를 미화하고 있음을 본다. 하지만 이성계는 엄연히 군대를 동원하여 쿠데타를 일으킨 군인이다. 자신의 태생적 약점을 커버할 수 있는 가장 좋은 방법이 최고 권력자가 되는 것이므로 이성계는 군부를 이용해 자신의 약점까지 덮은 사람이다.

드라마에서 강직한 군인으로만 그려지고, 권력이나 왕권에 관심이 없는 이성계를 정도전이 계속 설득하는 것으로 그려지지만 이성계의 근저에 깔린 모든 것을 종합하면 이성계의 쿠데타는 정도전의 기획이 아니라 이성계의 권력욕이 만들어 냈을 것이다.

1961년 대한민국에서 일어난 쿠데타도 마찬가지였다. 쿠데타 주동자인 박정희는 자신의 친일과 좌익경력, 공산당 폭동의 주동자로 그 폭동 현장에서 죽은 형, 이런 태생적 한계가 있는 사람이었다. 박정희는 이 한계를 쿠데타를 통해 커버했고, 쿠데타 성공 후 이 약점 상쇄를 위해 자신과 비슷한 출신성분을 가진 사람을 아예 억압했다. 즉 자신의 공산주의자 경력을 상쇄하기 위해 다른 좌파들을 더 강하게 압박한 것이다. 그리고 겉으로는 이성계와 마찬가지로 자신보다 백성을 더 앞세웠다. 쿠데타의 명분을 '기아에서 허덕이는 민생고를 해결하기 위한 용단'으로 미화했다. 이성계와 박정희는 이처럼 교묘하게 오버랩된다.

이 드라마는 KBS의 야심작이다. 똑같이 성리학에 심취했지만 고려 말 부패한 왕권과 권문세가의 권력남용을 두고 고려를 왕씨 왕조로 지키며 개혁하려던 정몽주와 왕조 자체를 바꿔야 한다는 정도전은 길을 달리 한다.

"첫째가 백성이고 둘째가 사직이며 그 다음이 왕이다. 백성이 나라의 주인이므로 왕은 백성에 비하면 아무 것도 아니다. 백성이 없는 왕이 무슨 소용인가?"

정도전의 사상이다. 그리고 정도전은 이 사상에 따라 고려의 전복을 기도했다. 그래서 이성계를 통해 혁명의 완성을 노렸다.

하지만 정도전의 왕조 전복 방식은 이성계 방식의 군부 쿠데타는 아니었다. 이성계와 수차례의 회동에서 '피흘림이 없는 왕조 전복'을 말했다. 백성들의 자연스러운 지지에 의해 권력을 획득해야 한다고 주장했다. 첫째가 백성, 둘째가 사직, 셋째가 임금이라는 자신의 사상 때문이었다.

회군을 주장했으나 군대가 개경으로 들어와서 왕궁을 침탈하는 것을 바라지 않았다. 군대를 동원한 무력 쿠데타를 원하지 않았던 것이다. 이점에서 이성계와 정도전은 후일 조선 건국 후 길이 갈린다. 민권우선 정치를 원했던 정도전과 군권을 이용한 왕권강화를 노렸던 이성계의 길이 달랐음이다.

정도전의 고려 왕조 전복 목적은 백성이 우선인 나라를 만들자였다. 이성계의 군부를 이용한 쿠데타는 회군이라는 '반역적 행위'에 대한 변명이었다. 이런 이성계의 '변명' 때문에 개경 전투라는 동족상잔이 벌어졌고 애꿎은 백성들은 무참하게 죽어 나갔다.

이 상황은 왕권사수를 금과옥조로 안 최영의 '명분'도 중요한 이유가 되었다. 절대로 이길 수 없는 싸움임에도 헛된 명분에 집착, 싸움을 자초했던 최영이나 반역자가 되지 않으려고 군사들을 죽음으로 몰아넣은 이성계 모두는 그래서 정확히 하면 반민중 독재자들이다.

정치인이나 권력자가 절대로 잊지 말아야 할 진리다. 이 진리를 역행하려니까 폭군도 나오고 절대 권력이란 말도 나오며, 불통이란 말도 나오고 독재, 반민주 같은 말도 회자되는 것이다.

우리 헌법 1조 2항은 '대한민국 주권은 국민에게 있고 모든 권력은 국민으로부터 나온다'고 확연하게 명시하고 있다. 민주정부의 정통성... 즉 사직을 지켜주는 것이 백성이란 뜻이다. 이 백성 아래에 정부와 대통령이 존재한다. 백성은 어디에서도 첫째다. 우리 헌법 69조는 대통령 선서문을 이렇게 명시하고 있다.

"나는 헌법을 준수하고 국가를 보위하며 조국의 평화적 통일과 국민의 자유와 복리의 증진 및 민족문화의 창달에 노력하여 대통령으로서의 직책을 성실히 수행할 것을 국민 앞에 엄숙히 선서합니다."

여기에 모든 것이 있다. 대통령은 취임식에서 헌법을 준수하겠다고 선서한다. 그 헌법 1조는 1항 '대한민국은 민주공화국이다' 2항 '대한민국 주권은 국민에게 있고 모든 권력은 국민으로부터 나온다'다. 이보다 더 확실한 근거는 없다. 백성 없이 정부 없으며 백성 없이 대통령 없다.

2013년과 2014년을 관통하면서 공교롭게도 영상문화는 이처럼 드라마와 영화를 통해 정치와 권력의 핵심을 찌르고 있다.

군부의 불법적 정권 탈취와 그 정권 유지를 위해 죄 없는 민중을 잡아다가 죄를 만들려는 비열한 모리배들은 영화 '변호인'에 있다. 자신의 권력을 위해 허수아비 왕을 세우고 왕과 백성 위에 군림하려는 탐욕적 권신은 기황후에 있다. 백성은 권력의 필요에 의해 쓰여 지는 소모품 정도로 인식하며 권력을 탐하면서 실각이 두려워 왕도 죽이는 신하는 정도전에 있다. 이를 통하여 말하는 것은 언제나 가장 먼저가 백성이다. 헌법에서도 가장 먼저 말한 백성이다. 권력은 이런 문화를 제압할 수 없다. 문화는 인간 본성이기 때문이다.

5장. '화이트 판타지' 정치를 향해

백조를 알아봐야 한다

어린이들에게 아주 유명한 동화 〈미운 아기 오리〉가 있다. 이 동화는 아이들에게 '다름'을 인정하라는 교훈이 담긴 동화다.

이제 다섯 살이 된 손녀를 둔 나는 손녀에게 이 동화를 읽어줄 때마다 19세기에 살았던 안데르센이란 동화작가가 21세기 우리나라 정치의 토양에 대해 매우 신랄한 비판을 가한 것이란 생각이 든다.

'오리 알들 사이에서 깨어난 백조... 오리가 백조를 알아보지 못했을 때 백조는 갖은 고난을 당하지만 다 자란 백조가 백조 무리와 합세했을 때 오리들은 감히 범접할 수 없는 존재였다는 것...'

이 동화는 백조이면서 어미 오리 품에서 깨어진 아기 백조가 어른 백조가 될 때까지의 고난에 더 집중하고 있다. 동화에서 어른 백조 이후의 삶은 거론되지 않는다. 아기 백조가 어른 백조가 되어질 때까지의 고난만 있다. 동화 속 아기 오리는 그 엄청난 고난을 이겨내고 꿋꿋이 백조로 성장한다.

현재 우리 정치 환경은 모양이 다른 아기 오리가 백조로 성장할 수 없다. 그래서 어떤 백조라도 미운 아기 오리 상태로 폐사할 수밖에 없었다.

신진 인사의 잠재된 능력이 아무리 뛰어나도 그가 정당 안에 들어가면 동일한 오리가 되어야 한다. 백조의 모습을 보였다간 고만고만한 오리들의 공격에 살아남을 수 없다. 그러니 미운 아기 오리가 백조로 성장한 사례를 찾기가 매우 힘들다. 좋은 정치를 소비하려면 아기 오리 중에서 백조를 알아볼 수 있는 유권자가 되어야 한다. '다름'을 차별하지 않고 '다름'을 존중하는 풍토를 만들어야 한다.

신품종, 개발만이 능사는 아니다

수없이 새로 개발된 품종이 기존 토양에 적응하지 못하고 폐기되는 것도 마찬가지다. 연구자들의 수많은 연구와 착근 시도 끝에 기존 토양에 적응하는 신품종이 개발된다면 그 품종은 히트작물로 많은 농부들에게 선택될 것이다.

그리고 새로 개발된 신품종이 맞지 않는 토양의 방해를 이겨내고 우수한 신품종으로서 결실을 가져온다면 당연히 기존 종자들은 밀려날 수밖에 없을 것이다. 이치는 그렇지만 신품종은 착근이 매우 힘들다. 토양의 저항이 심하기 때문이다.

이를 이겨내기 위한 노력은 토양의 질 개선이다. 즉 성능은 매우 뛰어난데 토양에 적응하지 못하면 개발자도 농부도 토양을 바꾸는 노력을 한다. 신품종의 성능이 욕심나서 도저히 폐기할 수 없을 때 토양을 바꾸는 노력을 하는 것이다. 신품종 개발도 중요하지만 토양 바꾸기가 더 중요할 수 있다는 말이다.

정치에서 신품종은 토양의 방해를 극심하게 받는다. 그래서 그동안 수없이 많은 신품종이 나타났다가 토양에 적응하지 못하고 폐기되었다. 결국 토양이 이렇다면 그 토양을 바꿔야 한다. 기존 토양 위에 새 작물을 파종하는 것이 아니라 토양 자체를 바꾸는 것이다. 종자의 개선도 중요하지만 토양의 개선이 더 중요하다는 말이다.

지금까지 새정치를 주장하던 사람들이 수없이 실패했다. 모양이 다른 아기 오리라서 차별의 왕따를 이기지 못하고 죽었다. 마찬가지로 다양한 신품종은 나타났지만 기존 토양에 적응하려다 토양에게 먹혀 버렸다. 종자 때문이 아니라 토양 때문이었다. 수많은 신품종들을 우리 토양은 착근시키지 못한 것이다.

그런데 아직도 언론이나 정치권, 정치평론가, 정치를 바라보는 국민들 거의 모두는 모양이 다른 아기 오리를 차별하고 어른 백조만 기다리고 있다. 신품종을 내치면서 처음부터 거대한 수확을 할 수 있는 종자만 찾고 있다. 기대에 조금만 미흡해 보이면 '신품종은 무슨... 기존 품종보다도 못하구만...'의 평가로 시장에서 퇴출시킬 궁리만 하고 있다.

이런 토양에다 어떤 획기적인 신품종을 심어도 토양의 거부감에 의해 신품종은 착근도 힘들고 열매를 맺기는 더욱 어렵다. 설사 열매가 열렸더라도 솎아내기를 당해 상품으로 시장에 나올 수 없다.

신품종을 살리는 것은 농부다

새정치는 신품종 개발이나 신품종 수입, 신품종 찾기가 아니라 기존 품종이라도 새로운 열매를 맺을 수 있도록 토양부터 바꿔가야 하는 일이 먼저다.

토양을 바꾸는 작업은 복토도 있고 뒤집기도 있다. 복토는 오염된 땅에 다시 흙을 덮는 작업이다. 즉 오염되지 않은 흙을 외부에서 실어 와서 오염된 땅 위에 한 겹 더 까는 것이다. 뒤집기는 기존 땅을 일반 쟁기질 수준이 아니라, 아예 깊게 파서 저 깊은 땅 속의 흙을 겉으로 끌어 올리는 작업이다. 두 작업 다 쉬운 일은 아니지만 농부들은 더 좋은 결실을 얻기 위해 이 어려운 일을 주기적으로 한다.

토양 바꾸기는 또 복토도 뒤집기도 중요하지만 '시비(施肥)'도 매우 중요하다. 화학 비료에 찌든 땅을 복토나 뒤집기로 바꾼다고 되는 일이 아니다. 빠른 수확, 많은 결실을 노리고 이전처럼 화학 비료만 계속 쓴다면 땅이 다시 급격하게 산성화되는 것을 피할 수 없다.

그래서 농부는 토양 개량을 위해 복토나 뒤집기만 하는 것이 아니다. 석회를 뿌리고, 토양의 자연화를 위해 퇴비만을 사용하는 등 토양을 바꾸는 작업을 한다. 이 작업은 한두 해에 끝나는 것도 아니다. 친환경 유기농 농산물은 단 1년 화학 비료 안 썼다고 생산되는 것이 아니라는 말이다.

산성화된 땅에 석회를 뿌리고 퇴비만을 사용하는 작업을 인내심을 갖고 수년 동안 계속해야 비로소 땅은 자연에 가깝게 된다. 이 자연화된 땅에 심겨진 신품종이라야 땅의 풍성한 기운으로 병충해도 이겨내면서 알찬 열매를 맺는 것이다. 품종 개발도 중요하지만 토양을 바꾸는 일은 그만큼 중요하다.

지금 우리는 모양이 다른 아기 오리가 백조일 수 있다는 것을 인정하는 자세가 되어야 한다. 마찬가지로 새로 나타난 신품종이 토양의 방해를 이겨낼 수 있도록 농부의 심정으로 토양개량을 위해 온 힘을 다해야 한다.

모양이 다른 아기 오리를 두고 모양이 다르다고 왕따를 시키고 주변에서 몰아내면 백조는 죽는다. 토양의 방해를 이겨내지 못한 신품종에게 토양의 개량 없이 품종 타령만으로 버린다면 어떤 획기적인 품종도 착근하지 못할 것이다.

새정치는 새정치를 하겠다는 사람만 중요한 것이 아니라 새정치를 기다리고 받아들이는 사람이 더 중요하다. 정치인들에게 스스로 변화하라고 요구한다고 정치인들이 변하는 것이 아니다. 정치계란 생태계가 그렇다. 그들을 변화시키는 것은 유권자다. 정치는 표라는 양식을 먹고 자란다. 그 양식을 제공하는 측은 유권자다. 유권자가 가진 자다. 유권자가 갑이다. 갑이 갑의 위치를 망각하고 을에게 끌려 다니면 을이 변하지 않는다.

유기농 신품종이 몸에 이롭다면 그것을 선택해야 현명한 소비자이며 아기 오리와 다른 모습의 아기 백조를 발견하는 눈이 좋은 눈이다. 좋은 눈이 좋은 정치인을 만든다. 좋은 정치인은 정치 소비자인 유권자에게 윤택한 밥상을 제공한다.

정치에 새것은 없다

한때 지구촌의 반 가까이를 장악한 칭기스칸의 이름은 태무진이다. 이 태무진은 몽골 왕족인 보르지긴족의 후예였다. 그러나 태무진이 태어났던 무렵, 보르지긴족은 타타르족, 메르키트족 등 강성해진 타 부족에 의해 망해가고 있었다.

이렇게 망해가던 부족의 족장이었던 태무진의 아버지 에스게이가 죽었다. 한때 타타르족과의 전투에서 이겨 가세를 유지하는 듯 했지만 에스게이의 죽음은 부족도 태무진 가족도 명줄이 경각에 달린 상황으로 몰았다.

칭기스칸 전기는 이 상황의 태무진이 유목민의 주식이었던 양고기나 치즈 우유는 고사하고 풀뿌리 나무뿌리에 의존했다고 기록되어 있다. 더구나 어린 태무진은 집안끼리 정혼한 사이였던 여자 볼테르까지 메르키트족에게 빼앗기고 유리걸식을 하는 상태까지 몰렸었다.

이때 태무진에게 도움을 줬던 이가 있었다. 당시 몽골부족 중 가장 강성했던 케레이트 부족의 왕이었던 토그릴 완 칸이다. 태무진은 토그릴 완 칸의 도움을 받아 정혼했던 여자도 찾아오고 병력 2만도 얻게 되었다. 그리고 이것이 태무진이 칭기스칸이 될 수 있었던 밑천이 되었다.

이 밑천으로 태무진은 역사상 가장 강성한 대국을 건설했다. 그가 고원 땅 몽골, 주업이 유목민인 부족을 이끌고 중원 러시아 중앙아시아 중동까지 장악하면서 대제국을 건설할 수 있었던 바탕이 고작 병력 2만이었다. 그런데 이 소수의 수장이 칭기스칸이 될 수 있었던 이유는 크게 다음과 같다.

첫째, 고원 유목민을 군사로 써야 했으므로 자신들 민족이 가장 잘 다룰 수 있는 말인 조랑말을 선택하고 이 말을 잘 다루는 승마능력이 뛰어난 군대를 육성했다. 사료가 필요 없는 튼튼한 초식동물인 몽골 조랑말을 타는 기병으로 구성한 것이다. 즉 당시의 상황에 가장 맞는 조건을 기초로 했다는 말이다. 그리고 이 군대는 철저한 능력 위주의 군 인사행정으로 지휘했다. 간단하게 말하면, 사람을 잘 뽑고 잘 훈련시켜 잘 썼다는 것이다.

둘째, 정확한 정보수집과 수집된 정보를 제대로 전쟁에 활용했다. 당시 중근동과 중앙아시아 그리고 중원을 넘나들며 장사를 하던 상인들, 그들을 유용한 정보요원으로 활용한 것이다. 당시 상인들만큼 각 부족들의 상황을 잘 파악한 세력이 없었기 때문이다. 따라서 태무진은 이들 상인들을 통해 입수한 정보를 잘 활용하여 서하 금나라 호라즘을 정복할 수 있었다. 이는 지도자의 정보수집과 활용에 대한 교과서다.

셋째, 인재의 적절한 활용이었다. 실제 역사로 보면 칭기스칸 전쟁은 철저한 섬멸전이었다. 정복지의 양민까지 학살하는 철저한 섬멸전이었다. 이는 살려두면 배신자가 되고 배신자는 다시 세력을 일으켜 적군이 된다는 것이었다. 그래서 호라즘 정복전쟁 중 몽골족은 끔직한 야만적 섬멸전을 진행하여 이후 이그만족이라는 별칭을 듣기도 했다. 그래도 태무진은 필요한 인재는 이민족이라도 받아들이는 개방적인 인재 등용책을 썼다. 몽골 부족을 통합시킬 때 그에게 가장 근저에서 진언한 신하는 보르지긴족이 아니라 나이만족이었고, 호라즘을 정복할 때는 이슬람 상인이었으며, 금나라 신하였던 야율초재는 중원 정복의 공신이었다. 순혈주의 이너서클로는 세력 확장은 안 된다는 교과서다.

태무진에게서 배우는 지혜

다시 말하지만 '새정치'는 없다. 따라서 '새정치인'도 없다. 정치와 사람에게서 신품종, 새로 개발된 제품, 하늘 아래 없는 것을 발명한 신발명품은 없다는 말이다.

금나라 신하였거나 이슬람 상인이었거나 나이만족의 관료였거나 그들도 '새것'은 아니었다. 다만 이전의 권력자에게 중용되지 않았을 뿐이다. 그들이 태무진에게 중용되어 몽골제국을 건설할 수 있도록 했다. 그들이 이전에 있던 곳에서 쓰임 받지 못했더라도 태무진이란 새 군주를 만나서 새로이 쓰임을 받았기 때문이다.

이전의 권력자와 태무진의 사람 보는 눈이 달랐을 뿐이다. 그래서 다른 곳에 있던 사람이 자리를 옮겨서 '다름'을 보여줬다. 태무진은 그들이 '다름'을 보여줄 수 있는 여건을 제공했으며 그래서 태무진은 칭기스칸이 되었고 몽골제국은 거대제국이 되었다.

태무진은 자신의 세력이 약할 때 철저하게 바닥에 있음을 상대에게 주지시켰다. 때문에 금나라는 태무진이 몽골족 통일을 완성하고 서하 정복의 목전에 있었음에도 무시했었다. 그런 금나라가 결국은 태무진의 아들에게 망하면서 몽골족이 중원을 장악하여 원나라를 세울 수 있도록 했다.

금나라는 몽골 부족을 통일하고 코앞에 있는 서하까지 장악해 들어오는 태무진 세력을 과소평가했었다. 이는 금나라를 세운 여진족이 유목민이었으므로 자신들이 몽골 유목민의 정체성을 잘 안다는 때문이었다. 일종의 자만이었다. 그런데 태무진은 그 약점을 노렸다.

이미 중원에 정착한 지 100년이 넘은 여진족은 유목민의 정체성을 잃고 정착인에 동화되었기 때문이었다. 이 틈을 노린 태무진은 남쪽의 남송국 공격에 허덕이는 금나라를 북쪽에서 공격하므로 금나라를 멸망의 길로 몰아갔다.

기존 정치권이 지금 많은 이들에게 지탄을 당하면서 허우적대는 것은 그들에게 기존에 안주하려는 습성이 있기 때문이다. 유목민이 정착인으로 재빠르게 동화되어 유목민의 특성을 잃어갔듯이 새 인물도 정치권에 투신하면 빠르게 기존 정치권에 동화된다.

소비자는 새것에 대해 거부감이 있다. 이 거부감을 이겨 내지 못하면 새것임에도 폐기를 당한다. 새것이 정착하기 위해서는 소비자에게 거부감을 없애줘야 한다. 개발자나 마케팅 전문가가 소비자를 사로잡기 위해 가장 신경을 쓰는 부분이다.

소비자에게 새것에 대한 거부감을 없게 하면서 친밀감을 갖게 하는 것이다. 정치소비자인 유권자가 새로움을 거부하지 않게 하려면 친밀감을 갖게 하는 것이 먼저다.

정치는 행복을 배분하는 일

'정(政)'은 바를 정(正)과 칠 복(攵)이 합쳐진 글자다. 칠 복(攵)의 칠은 '치다', '때리다', 개념이 아니라 '고치다', '수리하다'의 개념이다. 따라서 정사政의 진정한 의미는 '바르게 하다'일 것이다.

'치(治)'는 물 수(水)변에 별이름 태(台)가 합해진 글자다. 별이름 태(台)의 별이름이란 정승, 고관대작이란 뜻이다. 정승, 고관대작은 다스리는 직위의 사람이다. 따라서 치(治)는 '고관대작이 물(水)을 다스린다'로 볼 수 있어서 다스릴治라고 한다.

때문에 한자의 어원만을 본다면 정치(政治)는 물이 막힘없이 제대로 흐르도록 바르게 고치는 일 정도로 볼 수 있다.

그래서 정치의 학문적인 정의를 데이비드 이스턴은 "가치의 권위적 배분"이라 했고 막스베버는 "국가의 운영 또는 이 운영에 영향을 미치는 활동"이라고 설명했다. 영어의 politics는 그리스어의 politikos(시민에 관하여)에서 유래되었다고 하므로 시민을 위한 가치의 권위적 배분이라면 그리 무리가 없는 뜻풀이 정도다. 중국 고전을 봐도 비슷하다. 한비자(韓非子) 제38편 논난(論難)에 보면 이런 말이 나온다.

1. 섭나라 군주가 공자를 찾아와서 정치가 무엇인가고 물었다. 공자는 "정치란 가까이 있는 자를 기쁘게 하며 멀리 있는 자는 그리워서 따르도록 하는 것"이라고 대답했다.
2. 노나라 군주 애공이 공자를 찾아와서 정치가 무엇인가고 물었다.

공자는 "정치란 현인을 선택하는 것"이라고 대답했다.

3. 제나라 군주 경공이 공자를 찾아와서 정치가 무엇인가고 물었다. 공자는 "정치는 경비를 절약하는 일"이라고 대답했다.

이들 세 군주와 공자의 대화를 다 들은 공자의 제자 자공이 스승 공자에게 물었다.

"세 군주가 다 같은 말을 물었는데 선생님의 대답은 왜 모두 다른 것입니까?"

이에 공자가 대답했다.

"섭나라는 서울이 크고 주변 국토가 작은데다 백성에게 모반심이 있다. 그래서 정치란 가까이 있는 자를 기쁘게 해주고 멀리 있는 자들이 그리워서 따르게 하라고 했다. 노나라에는 세 명의 권신이 있어 밖으로는 이웃나라에서 오는 현인이 군주를 못 만나도록 하고, 안으로는 서로 한 동아리가 되어 군주의 명을 가리며, 종묘의 청소나 사직의 제사도 모시지 않는다. 그래서 정치란 현자를 선택하는 것이라고 했다. 제나라 경공은 옹문을 건축하고 낮침대를 만들며 백성들에게 과한 세금을 거둬 녹을 먹는 이들에게 펑펑 나눠주고 있다. 그래서 정치란 경비를 절약하는 것이라고 했다."

이 말을 지금으로 해석하면 "정치란 특정 세력이나 지역을 따돌림하여 상대적 박탈감을 갖게 하면 안 되며, 권력 주변에 권력만을 탐하는 탐욕적 이너서클을 만들면 안 되고, 권력자가 정부가 백성에게 과한 세금을 거둔 뒤 이를 자신들 영달을 위해 펑펑 쓰면 안 된다."일 것이다. 그리고 이는 우리나라의 지금 정치가들이 매우 아프게 받아들여야 할 말이다. 한국의 21세기 정치 상황은 섭나라, 노나라, 제나라가 가진 문제를 모두 갖고 있기 때문이다.

첫째, 수도권이 팽만하면서 수도권 거주자들은 이념보다 개인의 재정적 이익에 매몰되어 있고, 영남권은 권력에 탐취하여 권력의 선악을 구분하지 못하고 지역이기주의에만 매몰되어 있으며, 충청권과 강원권은 이런 수도권 영남권에 종속되어 간다. 호남권은 이들의 따돌림 때문에 상대적 박탈감을 느껴 '정권교체'에 대한 열망이 팽배하다.

둘째, 현재 박근혜 정권이나 전임 이명박 정권의 가장 큰 문제가 권력자도 권력 주변도 탐욕적 이익에 매몰되어 권력자를 필두로 강력한 이너서클을 만들며 소통하지 않는 점이다. 노무현, 김대중 정권도 이런 지적을 받았다. 즉 군주의 눈과 귀를 가리면서 자신들의 이익을 위해서 복무하려는 이들은 어느 정권에나 존재했다.

셋째, 현재 국가부채는 무려 3천조다. 이를 세분하면 개인부채 1천조, 금융 및 기업부채 1천조, 국가 지방자치단체 및 공기업 부채 1천조다. 이를 조기에 해결하지 않으면 IMF 사태보다 더 심각한 사태를 일으킬 수 있다. 그러함에도 이 탐욕적 권력자들은 빚을 더 많이 지고 잘 지는 것이 잘 사는 것으로 오인하도록 한다. 현재 부동산 시장경제의 활성화 정책이라며 내놓은 거의 모든 정책은 '빚내서 집 사라'는 것이 전부다.

'정치를 바꾸자'는 논제는 여기서 출발해야 한다. 정치라는 글자가 함유하고 있는 뜻이 우리 정치에 그대로 녹아들도록 바꾸는 것, 무려 3,000여 년 전의 학자가 지적한 모든 문제가 농축된 이 나라의 상황을 이제 제대로 바꿔보자는 함의를 모든 백성이 공유할 때 '정치를 바꾸자'는 이슈는 진정한 이슈가 될 것이다.

지역정치의 강고화는 특정지역 따돌림의 강고화로 굳어져 있다. 특정세력 권력기반 강화를 위한 이너서클의 강화는 극심한 편가름으로 강고화되어 있다. 재물을 향한 탐욕은 끝을 보이지 않는다. 이 상황에서 '개천에서 용 나는' 것은 꿈을 꿀 수도 없다. 결국 이런 상황의 지속은 경쟁에서 탈락한 특정계층에게서 희망을 앗아가기만 한다.

정치를 바꾸자는 논제는 곧 이런 상황을 정리하고 정치가 행복을 물 흐르듯 바르게 배분하는 본연의 자세로 돌아가자는 것이다. 그리하지 못할 때 국민은 행복하지 못하며 이 끝없는 분열과 극단적 편가름을 계속될 것이다.

하나, 감춰서 커진 병은 생명을 죽인다

아주 오래된 벗이 있었다. 벗이라고 말할 수 있는 몇 안 되는 고향 친구 중 하나였다. 그 친구가 언제부턴지 겉으로 보기에도 몸이 많이 축나보였다. 나를 비롯한 가까운 친구들이 어디 몸이 좋지 않느냐고 하면 병원에 가 봐도 아무 이상이 없다고 했다며 별일 없는 듯 말했다. 어느 날 회사에서 퇴근 준비를 하는데 그 친구에게서 전화가 왔다.

"나다."

"오랜만이다. 어쩐 일이냐?"

"나 지금 서울이다. 퇴근 후 별일 없으면 막걸리나 한 잔 하자."

"그래. 어딘데?"

"응 여기 서울 **병원이다."

"병원은 왜?"

"읍내 병원엘 갔더니 큰 병원으로 가보라며 여길 소개해서 왔어."

"그래? 그런데 무슨 술을..."

"뭐 별 일 있겠어? 검사 다 했는데 결과가 2~3일 있다가 나온다고 그때까지 입원하래."

"알았어. 그럼 내가 퇴근 후 그리로 갈게."

퇴근 후 찾아간 병원에서 만난 친구는 시골에서 봤던 모습 그대로였다. 웃고 떠들고 지나간 과거를 회상하며 몇 시간을 보냈다. 그리고 이틀 후 그 친구의 사촌동생으로부터 전화가 왔다. 사촌동생이지만 초등학교는 다 동기다.

"퇴근 후 시간 좀 있냐?"

"응, 왜?"

"우리 형 입원해 있는 병원으로 좀 올래?"

"그래. 무슨 일 있어?"

"만나서 얘기하자."

퇴근 후 다시 병원으로 갔다. 친구와 친구 부인 그리고 내게 전화한 사촌동생이 같이 있었다. 마침 저녁시간이라 입원 환자만 두고 3명이 부근 식당으로 갔다. 식당 자리에 앉자마자 그 사촌동생이란 친구가 주인을 부르더니 소주 한 병을 시켰다. 그리곤 글라스를 가져다 가득 따르더니 단숨에 들이켰다.

"웬 술을 그리 먹어?"

"야! 친구야! 무슨 이런 일이 있냐?"

"뭔데?"

"열어 볼 필요도 없단다."

"???"

"우리 형... 암 세포가 온 장기에 다 퍼져서 손을 쓸 수가 없대."

친구 부인은 옆에서 눈물만 찍어내고 있었다. 그 후 친구는 그로부터 3개월을 더 살고 다시는 올 수 없는 곳으로 떠났다. 투병 중에 친구 부인으로부터 들은 얘기를 종합하면 친구는 오래 전부터 몸에 이상을 느꼈던 것 같다.

그러나 일이 바빠서... 무서워서... 아무 일도 아닐 것이라는 믿음 때문에... 결정적으로는 시골 병원의 장비가 부족해서(이건 친구 아내의 말이다) 병을 찾아내지 못하고 키워버려 끝내는 손을 써 보지도 못했다는 결론이다.

박근혜 정권은 좋은 환경에서 집권했다. 겉으로 보기에 이상이 없는 상태였다. 첨단 장비로 제대로 살폈는지는 내가 알 수 없으나 의사들은 건강하다고 말해줬다. 그러나 시간이 갈수록 하지만 장비가 아니어도 썩은 곳이 조금씩 드러나 보였고 여기저기 이상이 보였다.

이를 바로잡으면 오래 살 수 있다. 첨단 장비로 제대로 검사하고 실력 있는 의사를 채용하여 제대로 진료한 뒤 신속하게 썩은 부위를 도려내야 한다. 하지만 도리어 환부를 봐도 손이 떨려 메스를 잡을 수 없는 늙은 의사들로 교체했다.

그나마 남은 실력 있는 의사는 이 부분을 분명히 잘라내야 한다고 주장하지만 이 정권은 그런 의사들이 제대로 할 수 없도록 하고 있다. 썩은 부분, 부패한 부분, 아픈 곳이 알려질까 두려워서 더 건강하고 더 강한 것으로 보이게 하려는 포장만 하고 있다.

나는 나라와 국민을 위해서 이 정권이 지금 나타난 썩은 곳, 도려낼 곳을 감추지 말기 바란다. 또 실력 있는 의사에게 맡겨 환부를 도려내고 수술을 할 수 있기를 바란다. 감춰서 커진 병은 생명을 죽인다. 대통령도 정치인들도 이 진리에 충실한 정치를 했으면 좋겠다.

둘, 다시 새로운 시작을 위하여...

아내는 늘 말한다.

"당신은 참 가난하게 살았다면서 왜 그렇게 입이 짧아?"

그러면 내가 대답한다.

"내가 무슨 입이 짧아? 아무거나 잘 먹는데."

또 아내가 타박한다.

"당신이 좋아하는 반찬은 여자를 매우 귀찮게 하거든."

나는 이렇게 대꾸한다.

"뭐가 귀찮아? 싸고 쉬운 반찬이잖아?"

여기서 아내의 결정타가 날아온다.

"매 끼니 조물조물 반찬 만드는 게 여자에게 얼마나 스트레스인지 몰라서 그래."

여자에게 스트레스. 식탁을 준비하는 여자에게 스트레스를 주는 남자가 바로 나다.

우리에게 익숙한 여자들의 스트레스, 시댁 스트레스와 명절 스트레스, 지금은 더 나아가서 시댁 증후군, 명절 증후군이라고 한다. 시댁 때문에 몸이 아프기까지 하고, 명절이 돌아오면 으레 몸이 아파오는 증상이다. 그런데 나는 아내에게 식탁 스트레스까지 주는 남자다.

그렇다. 나는 방금 만들어 내놓는 반찬은 아무거나 잘 먹는다. 봄이면 생마늘무침, 냉이고추장무침, 달래간장무침, 유채나물... 여름이면 상추겉절이, 풋고추볶음, 된장열무김치, 고구마줄기된장무침, 애호박무침, 오이고추장무침, 가지볶음, 가을이면 무생채, 생배추겉절이, 거의 100% 채소 반찬이다.

이 정도면 내가 생각하기엔 뭐 아무리 봐도 돈 많이 들고 힘든 반찬이 없는데 아내는 스트레스다. 하지만 아내는 다르다. 저런 반찬은 딱 한 두 끼니용이고 만들어서 하루만 지나면 맛이 없어지므로 매번 만들어야 하니 얼마나 번거롭겠느냐는 거다. 그 스트레스가 보통이 아니라고 한다. 곰곰이 생각해 봤다. 그리고 이런 글을 읽은 것이 생각났다.

"행복한 공동체를 원하는가? 재래시장을 살리고 싶은가? 생태문제를 해결하고 싶은가? 가족들의 몸을 건강하게 만들 수 있는 안전하고 싱싱한 식품을 원하는가? 그럼 냉장고를 없애라! 당장 냉장고가 없다고 해 보자. 우리 삶은 급격하게 변할 수밖에 없다. 직접 재래시장에 들러서 싱싱한 식품을 사야 한다. 첨가제도 없고, 진공포장 용기에 담겨 있지 않다. 식품을 사가지고 오자마자, 우리는 가급적 빨리 요리를 해야 한다." - 강신주, 인간다운 삶을 가로막는 괴물, 냉장고, 〈경향신문〉 2013.7.21 -

우린 어려서 참 가난했다. 냉장고는 당연히 없었다. 전기도 없는데 냉장고이겠는가? 그래서 오래 먹을 수 있는 반찬은 된장 고추장과 젓갈 묵은 김장김치뿐이었다. 엄마들은 매끼니 반찬을 만들어야 했다. 그리고는 뚝딱 한두 가지 반찬을 만들어 내서 식탁에 올렸다.

종일토록 들에서 일하고 끼니 때 되면 집으로 오시면서 길가 밭에서 푸성귀를 뽑거나 뜯어 왔다. 일 끝나고 들어오는 손에는 언제나 채소가 들려 있었다. 익혀야 하는 것은 밥 지으면서 끓는 밥 위에 얹어 익힌 뒤 주물럭거렸다. 생으로 먹을 수 있는 채소는 가장 쉽게 간을 맞출 수 있는 된장에 버무려 버렸다.

먹을 것이 귀해 항상 배가 고픈 아이들이므로 맛은 상관없었다. 그런데 그게 맛있었다. 그리고 그런 식습관이 지금도 혀끝에 남아 있는 식습관이 되었다. 하지만 뒤돌아 생각하면 우리네 엄마들이 얼마나 힘든 삶을 영위했는지 바로 판단할 수 있다.

요즘 가장 뜨고 있다는 인문학자 강신주 박사, 그가 우리네 세대와 같은 어려운 시절을 보냈는지 알 수 없다. 하지만 위에 인용한 글은 아내 말대로 입 짧은 내게는 매우 합당한(?) 말이다.

그러나 가능할 것 같은가? 나는 불가능하다고 본다. 당장 내가 아내에게 스트레스를 주는 남자로 타박을 받고 있는 일이기 때문이다. 아내는 전업주부인데도 스트레스인데 요즘 엄마들 거의가 일하는 여성이다. 가당치도 않은 말이다.

앞의 글을 쓴 강신주 박사에게 직접적으로 하는 말은 아니다. 강 박사는 그것이 가능하다고 한 것이 아니라 생태계를 지키면서도 행복한 공동체를 건설하자는 뜻을 역설적으로 강조한 것으로 읽히기 때문이다.

그러나 불가능한 것을 가능할 것처럼 하는 말은 거짓이다. 진리가 아니다. 진리가 아닌 것을 말하면 그것은 호도다. 지금의 아내들에게 우리네 어머니의 삶을 강요한다면 아마도 모든 여성들의 스트레스 치료 때문에 정신의학자들만 살판이 날 것이다. 불가능한 것을 가능하다고 달콤하게 말하면 듣는 순간은 그것이 매우 합당한 것 같다.

그래도 이룰 수 없는 목적은 목적이 아니다. 허황된 꿈이다. 할 수 있는 것을 향한 전력투구가 목적이 되어야 한다. 지금 바로 우리가 할 수 있는 것, 그것은 정치의 생활화다. 그래서 김대중 전 대통령은 정치가 바르게 되기를 바라는 국민에게 이렇게 말했다.

"이기는 길은 모든 사람이 정부에 옳은 소리로 비판해야 하겠지만, 그렇게 못하는 사람은 투표를 해서 나쁜 정당에 투표를 하지 않으면 된다. 그리고 많은 사람들이 나쁜 신문을 보지 않고 또 집회에 나가고 하면 힘이 커진다. 작게는 인터넷에 글을 올리면 된다. 하려고 하면 너무 많다. 하다못해 담벼락을 쳐다보고 욕을 할 수도 있다."

좋은 정치, 어려운 것이 아니다. 하다못해 담벼락에 대고 욕을 하다가 그 욕의 대상자를 투표에서 떨어뜨리면 된다.

냉장고를 용도에 맞게 합당하게 잘 쓰는 법을 강의해야 진리다. 대기오염이 심각하므로 자동차를 만들지도 말고 타지도 말자고 하는 것이 아니라 매연이 조금이라도 덜 나오게 만들어야 한다고 주장하고 그런 요구에 따라 그렇게 만드는 기술이 첨단기술이다.

정치인이 자기와 자기 집단의 유익을 위해 정당하지 않은 것을 정당하다고 하는 것도 '호도'다. 유권자는 이런 정치인에게 호도되지 않아야 좋은 정치를 볼 수 있다.

유권자는 이런 나쁜 것에 호도되지 않고 투표해야 한다. 선거를 좋은 정치가 시작되는 원천으로 삼아야 한다. 좋은 정치, 밥을 만드는 정치, 희망을 만드는 정치, 웃음을 만드는 정치는 우리 가까이에 있다.

미국의 오바마 대통령이 신년 연설을 하는 뒤에서 초대받지 않은 대학생 한 명이 자신의 요구사항을 말해도 그 자리에서 끌려나가지 않은 모습, 우리에겐 생경하지만 그것이 좋은 정치다. 민주주의 학습이 오바마를 그렇게 만들었다. 우리도 그렇게 만들 수 있다.

우리는 이제 지난 70년간 보았던 '블랙 판타지' 공연이 아닌 '화이트 판타지' 공연을 볼 수 있어야 한다. 정치인들이 그리하지 않겠다면 정치 소비자인 유권자가 그리하도록 강제해야 한다. 강력한 이익집단 유권자를 정치인은 거역할 수 없다.

블랙 판타지, 그 후

초판1쇄 발행일 • 2014년 4월 25일

지은이 • 임두만
펴낸이 • 이재호
펴낸곳 • 리북
등 록 • 1995년 12월 21일 제13-663호
주 소 • 서울시 마포구 독막로3길 33 (서교동) 서연빌딩 2층
전 화 • 02-322-6435
팩 스 • 02-322-6752
홈페이지 • www.leebook.com

정 가 • 13,000원

ISBN 978-89-97496-22-8